僕の不動産投資は、1000円のお酒から始まった

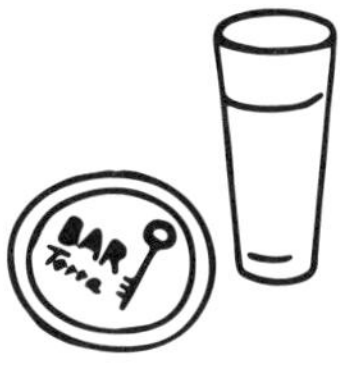

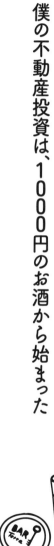

プロローグ

「この間の物件、あれからどうだ？」

「空室ですか？　管理会社が1部屋決めてくれたのと、掲示板からの問い合わせで1部屋申込みが入って、無事満室になりそうです」

「おう、それはめでたいな。ほかの物件も動いてるか？」

「ええ、今買付入れているものが2件ありますね。1つは2番手なんで厳しそうですが、もう一つはノンバンクで融資が伸びれば行けそうです」

「そうか、順調そうで何よりだ」


その人は、とても満足そうに頷いて、僕に微笑んだ。そして僕らは乾いたグラスにビールを注ぎ、乾杯した。

「改めて、大家デビューおめでとう」

「ありがとうございます。本当にここまで長かった……」


今から1年前の僕は、毎日通勤し仕事が終われば即帰宅、たまに週末に友だちと遊びに行くことが生きがいの、どこにでもいる普通の27歳のサラリーマンだった。

社会人5年目、アパレルメーカー勤務の僕のキャリアは、自分で言うのもなんだが、それなりに順調だった。毎年給料も上がっていくし、最近ではエリアのマネージメントも任せてもらえるようになっていた。

ところが2020年にコロナショックが発生し、店舗の休業等で会社の売上げが大幅に下がり、僕は人生で初めて「収入が減る」という体験をした。

そんな自分の境遇について、都内のとあるバーで愚痴を言っていたところ、店長である彼が声をかけてくれた。


「不動産投資、お前も始めてみたらどうだ？」


そのひと言がなかったら、今も減給に怯える日々だっただろう。そこから僕らの大冒険は始まった。

今まで誰かに言われたことを真面目にこなすだけだった僕は、はじめて自分の人生をデザインする方法を学んだのだ。

「しかし、まだ気を抜いちゃダメだ。入居申込みがキャンセルになったり、保証会社の審査を通過しないこともある」

「そうですね、まだまだ油断はできません。審査急いでもらうように管理会社に言わないとな……」

とはいえ、ここで満室になれば、月のキャッシュフロー（手残り）は10万円以上になる。自分の給料の手取りの半分近くのお金が毎月入ってくるのだ。さらに、満室にならなくても、6部屋中4部屋稼働の今ですら、すでにプラス3万円になっている。

1年前の僕ならば、「給料以外に収入を得る」ということは、イメージすらできなかった。でも今は、給料の半分近い収入を達成しようとしている。

しかも、まだ一つアパートを買っただけなのに、だ。

これを複数に増やしていけば仕事を辞められることは、想像に難くない。大げさではなく、本当に人生が変わったのだ。

そんな僕の気持ちを知ってか知らずか、彼はまた微笑みかけてこう言った。

「不動産投資、はじめてみてよかっただろ？」

「はい！　本当に」

目の前のビールが、いつもより輝いて見えた。

目次

第2章 勉強×スポーツだ（物件調べ編）

第3章 やっぱり現場が大切！（物件見学編）

第4章 投資ではなく事業だよ（融資編）

第5章　さぁ夢への第一歩！（物件購入編）

登場人物紹介

辻林 希（ツジバヤシ ノゾム）
社会人5年目、27歳の若者。趣味はテニス。アパレル系の会社員だが、コロナショックで給料を減額される。行きつけのバーの店長であるベテラン不動産投資家の寺井に学び、不動産投資を開始する。

寺井 康太（テライ コウタ）
30代の専業大家。20代の頃から不動産投資を実施し、現在は趣味がてら「BAR Terra（テラ）」を経営。辻林に不動産投資について教えて欲しいと頼まれ、師弟関係となる。

カバー・本文イラスト　小山田ばんびの　装丁・本文デザイン　文字モジ男

第1章

将来は自分でデザイン（不動産投資って？）

僕の不動産投資は、
1,000円のお酒から始まった

1 自分で自分の将来をデザインするために

「はあ……なんでこんなことになったんだろう……」

1杯1000円のギムレットを飲みながら、僕は深いため息とともに、そんな言葉を吐き出した。さっきからお酒の勢いに任せて、弱音や愚痴ばかり吐いている。社会人5年目、27歳の僕にとって、初めての減給というものは、あまりにもインパクトが強かった。洒落たBARで話す内容としてはあまりにも不釣り合いだが、今日の自分はそうも言ってられない。

「もう結構飲んでるな。大丈夫か？」

そう優しく気遣ってくれているのは、この店「BAR Terra」の店長、寺井さん。背が高く、端正な顔立ちの男前な人だ。年齢は30代半ばぐらいだろうか。「少し年上のお兄さん」という感じがして、つい甘えていつも何でも話してしまう。今日はひたすら減給とボーナスカットの愚痴を聞いてもらっていたのだ。

「まあ、そのうち潮目も変わるさ。今はこのコロナショックでどこも大変だからな」

寺井さんのその言葉を聞いて、僕ははっとした。確かに僕は減給になっているが、よく考えたら寺井さんの苦労はその比ではないのではないか。BARなんて時短営業を強いられていた時もあり、自分のようなサラリーマンと違って、売上げがダイレクトに生活に響くのだ。

「すみません。よく考えたら、寺井さんのほうが僕なんかより大変ですよね……。お酒の提供も制限されていましたし……」

急に恥ずかしくなって必死に弁明したが、さすがお兄さん、返しは男前だった。

「いやいや、気にするな。確かにこの店の売上げは厳しいが、ここは道楽みたいなもんだ。メインの仕事はほかにあって、そっちの収入で生活している」

よかった……と思ってホッとしたが、それはそれでやはり大変そうだ。

「へえ、すごいですね。でもこのお店は週5日で営業しているし、ほかの仕事って昼間ですか？　営業時間は深夜までだし、すごく大変そう……」

ますます寺井さんのことが心配になって聞いてみたのだが、そんなものは杞憂だった。

「いや、特に毎日することがあるわけじゃないんだ。さすがに、昼間働いて夜にバーテンダーなんてしてたら、体もたないよ」

ははっ、と笑いながら話してくれたが、しれっとすごいことを言っている。メインの仕事で、それで生活できるほどの収入を得ているのに、毎日することは特にない……？

「えっ、それってどんな仕事ですか？」

思わず食い気味に聞いてしまった。そして、寺井さんの次のひと言が僕の人生を変えることになる。

「**不動産投資**だよ、不動産投資。アパート経営ってやつだな。お前も始めてみたらどうだ？」

普通のサラリーマンでもできる！

「不動産投資」。その言葉は聞いたことがあるものの、怪しい投資話だと思ってちゃんと調べたこともなかった。

アパート経営というが、怪しい話でないのであれば、それはよっぽどのお金持ちか、はたまた大地主がするものでは、という印象だ。

「不動産投資ですか。すごいですね。寺井さん、もともと結構お金持ちなんですか？」

「いやいや、そんなことはないよ。貯金は普通のサラリーマンと変わらないと思う。アパート経営といっても、全額自分の資金で買うんじゃなくて、銀行から融資を受けるんだ。簡単に言ってしまえば借金だな、借金。ちなみに、実家が地主なんてこともないぞ」

よっぽどよく聞かれる質問なんだろう。「ご家族は地主さんですか？」なんて質問には、それをする前に答えてくれた。しかし、本当にお金持ちや地主でなくてもできたりするのだろうか。

だんだん興味が湧いてきて、もっと寺井さんに聞いてみることにした。

「不動産投資って、そんなに誰でもできるものなんですか？　不動産って高いし、とても普通の人にできるとは思えないんですが…」

「いや、普通のサラリーマンでも始められるぞ。俺が昔サラリーマンだったのは知っているよな？　実際その時に俺は始めたんだよ。年収は５００万円ぐらいだったし、特別高級取りってわけでもなかったなぁ」

以前聞いた話だと、寺井さんは某大手食品メーカーに新卒から勤務し、十数年働いたあと、脱サラしてＢＡＲ Ｔｅｒｒａをオープンしたとのことだった。てっきりサラリーマン時代に開業資金を貯めて、それでＢＡＲを開業し、その売上げで生活をしているものだと思っていたが、少し様子が違うようだ。

僕が不動産投資に興味津々だったことに気づいたのだろう。寺井さんは続けて説明してくれた。

「サラリーマンしながらアパートを買って、毎月家賃収入を得るんだ。もちろん、融資受けた分の返済があるけど、家賃収入の方が多ければ、手元にお金が残る。そして、どんどん物件を増やしていけば、どんどん収入が増えていく。その**毎月の手残り（手元に残ったお金）が給料より多くなったし、もう仕事を辞めて好きなことをしよう**と思って、この店を開いたってわけ」

「そうだったんですね。それは本当にすごい……。買うアパートってやっぱり都内ですか？

建てるのにいくらぐらいかかります？」

興奮して思わず立て続けに質問してしまったが、この優しいお兄さんは、嫌な顔ひとつせず説明してくれる。

「いや、俺の場合は地方の物件が多いよ。都心に不動産を買えるのは、それこそ本当のお金持ちじゃないとな。あと、俺が持っているのは中古のアパート。新築は建てたことないな」

「そうなんですね。アパート経営っていうと、てっきり自分で建てるものかと思っていましたが、中古で買うこともできるんですね。ちなみに不動産投資って、いくらぐらい貯金があればできるものですか？」

「そうだな……物件にもよるけど、アパート買うなら数百万円は必要かな。俺が始めたのも今のお前ぐらいの時で、まだ20代だったから、400万円ぐらいしかなかったな」

「そのぐらいでもできるんだ……」

これは自分の中で衝撃だった。てっきり数千万円とか数億円とかないと、不動産投資なんてできないと思っていた。

将来の夢のために、就職してから毎年100万円以上貯めていた貯金があるので、それぐらいなら準備できる。

「ちなみに俺みたいにアパートを買うんじゃなくて、ボロボロの戸建てとかを買うんだったら、もっと少なくても始められるぞ。下手すれば何十万円とかでも買えるからさ。そういう物件を自分の貯金で買って、リフォームする費用だけ融資を受ける、なんて投資家もいる」

なるほど。どうやら「不動産投資」というのは、本当に自分が思っていたより、ずっと**敷居の低い**ものらしい。

気がついたら、どんどん自分の中で不動産投資への興味が増していた。そして、そんな僕の様子を察して、寺井さんが話を続ける。

「これからの時代、**サラリーマンだけをしていても安泰とは限らない**だろう？　実際に、お前は減給になってるしな。副業とか投資とか、そういうことも学んでおいたほうがいい。自分で稼ぐ方法を知っていると、自分で**【自分の将来をデザイン】**できるようになる。会社に依存しなくても生きられるようになるからな。俺の場合はそれが不動産投資だった」

「自分で自分の将来をデザインする……」

その言葉が、特に胸にグッときた。
確かに僕にはいつか叶えたい将来の夢があって、貯金はそれなりにしてきた。
でもそれは、「いつの日か行動する時のために、貯金しておいたほうがいいだろう」と思って、なんとなくしてきただけだ(ずっと恋人がいなかったのもあるが)。
それに、給料以外の収入源を自分で作れるなら、今回のような減給があってもそれほど痛手ではない。

「あの……それって、僕にもできますかね?」

思わず、口にしてしまった言葉。

「当たり前だ。俺がそうだったんだから」

そう言っている寺井さんの言葉。さっきまでよりも、さらに力が込もっているように聞こえる。

これはすごい。本当にすごい。

もしこの人の言っていることが事実なら、ただ貯金をしているより、明らかに夢に近づく。もしかしたら、僕も数年後にサラリーマンを辞めても生活できるようになるかもしれない。

「ちょっと不動産投資について勉強してみます」

「おう、いいんじゃないか。まあ、まずは自分なりにしっかり調べてみなよ。俺がウソついてるかもしれないし」

そう言って冗談っぽく笑ったあと、寺井さんはいくつかオススメの本を紹介し、いつでも相談してくれと言ってくれた。本当に面倒見のいい人だ。

「ありがとうございます。自分なりに勉強してからまた相談します」

そう言って店を後にした。

学生時代からぼんやり想っていた、将来の夢。
それを叶える方法に、僕は初めて出会ったのかもしれない。

そう思うと、自然と家路に向かう足がはやくなった。
月曜日の深夜とは思えないぐらい、まわりの風景が色鮮やかに見える。

帰宅後に、早速言われた本を5冊ほどインターネットで注文した。
その後、明日も仕事なのでシャワーだけ浴びて、すぐベッドに入ったのだが、結局パソコンの前に戻ってしまった。不動産投資について知りたくて、調べずにはいられなかったのだ。
興奮して眠れない。そんな体験は、昔の彼女とのデート前日以来。数年ぶりの出来事だった。

2 不動産投資ってすごい！

その後数日して注文した本が届き、しばらく読書に明け暮れた。普段活字をほとんど読まない僕であったが、頑張って2週間で5冊を読破したのだ。

また、本が届くまでの間に、いろんな投資家さんのブログやYouTubeチャンネルを覗いてみたりもした。

それによってわかったことがいくつかある。

まず、ひとえに不動産投資といっても、不動産の種類はたくさんある(図表1)。**区分マンション、戸建て、アパート、一棟マンション、などなど**。それぞれ、投資金額や収入の大きさも異なる。

さらに、新築の物件を買うのか、中古の物件を買うのかによっても、必要なノウハウが全く異なるようだ。

図表1　不動産の種類

項目	区分マンション	戸建て	1棟アパート	1棟マンション
投資金額	小	小	中～大	大
空室リスク	0 or 100	0 or 100	分散可能	分散可能
立地リスク	分散可能	分散可能	複数棟で分散	複数棟で分散
拡大スピード	遅い	遅い	やや速い	速い
担保価値	低い	土地値次第	土地値次第	高い

次に、寺井さんの言うように、不動産投資では**銀行から融資を受ける**のが一般的であることがわかった。

何千万円のアパートを買うとして、そこまでお金が貯まるのを待っていては、いつまで経っても不動産を購入できない。とはいえ、大きな借金をするということなので、やはり怖い気持ちにもなる。

しかし、自分の自己資金よりも大きな金額を使って投資ができるということで、だからこそ大金持ちでなくても不動産投資ができるということだ。

また、アパートやマンションでなくても、地方の戸建てを格安で仕入れてリフォームする方法もあるようで、これなら融資がなくてもできそうである。何せ安いものだと、1戸100万円とか、下手すると数十万円とかで買えるものもあるらしい。

なるほど、確かに寺井さんが言っていたように、**普通のサラリーマンでも始められる**ものである、ということがよくわかった。しかも、不動産の種類や投資手法はさまざまで、その中から自分にあったやり方を見つけられそうでもある。

他にもいろいろ学んだこともあったので、寺井さんに報告に行こう。Ｂａｒ Ｔｅｒｒａに行くのがこんなに楽しみになるのは、初めてだった。

不動産投資は誰でもできる

「ほう、意外と早かったね。本気で勉強する気あったんだな」

早速オススメされた本を読み終えたことを報告したところ、そう褒めてくれた。自分なりに頑張ったつもりだったので、このひと言でかなり報われた気分だ。

「前にも何人か興味を持って薦めたんだけど、みんな『勉強します』って言ったきり、結局しないんだよ。ここまで早く読んだ人は初めてだな」

「ありがとうございます。ワクワクしながら読めたからですかね」

こう褒められると、当然悪い気はしない。もっとたくさん勉強してやろうという気持ちになってくる。

きっと、自分の「褒められるとやる気になる」という性格を見抜いているのだ。まるで本当のお兄さんのようだ。

「と言っても、やっとスタート地点に立った、というところだな。結局行動しなければ意味がない」

さすがお兄さん、あんまり調子にのらないように、最後に釘を刺すのも忘れていなかった。

「それで、勉強してみてどうだ？　どんなことがわかった？」

「はい、寺井さんの言ってたとおり、普通のサラリーマンでも十分できる可能性があることがわかりました。融資を受けて物件を買う、というのが不動産投資では一般的なんですね。

だから、そこまでお金持ちじゃなくても、アパートが買えたりすると……」

「そうそう。それが不動産投資の**レバレッジ効果**というやつだな。小さい資金で投資効果を上げて収益性を高めるということさ。これが**不動産投資の一番のメリット**と言っても過言ではないな」

「はい。だからサラリーマンの人が、不動産投資で給料以上の収入を作れたりするんですね。もちろん、寺井さんみたいに、数年でそんなに稼げるようになる人は、ごく一部でしょうけど」

ここまで、寺井さんと不動産投資について専門的な話ができることが、楽しくて仕方がなかった。

何せ、この人はスーパーマンなのだ。30代の若さで自分の店を切り盛りし、しかも不動産投資で大きな収入を得ている。そんなことができるのは、寺井さんが特別に優秀な人だからだ。僕みたいな凡人は、そこまで早く稼げるようにならないだろう、と思って聞いてみたが、意外な答えが返ってきた。

「いや、そんなことはないぞ。俺と同じタイミングで始めた投資家仲間は、みんな同じぐらい収入を得ていて、サラリーマン辞めている人もいるな」

「えっ！　そうなんですか」

「正確に言えば、同じぐらいに勉強を始めて、その後も続けている仲間、だけどね。中には勉強だけして辞めたりする人もいたし。でも、ちゃんと続けてる仲間は、会社起こしたり、俺みたいに趣味を仕事にしたり、好きなこととして過ごしているなー。別にみんなエリートってわけでもなかったし、普通のサラリーマンだった」

ちょっと待ってくれ、これまたすごいことを言っていないか。

確かに、不動産投資でたくさん稼げる人がいることはわかった。でも、それは特別な才能を持っていて、寺井さんのように優秀な人でないとできないと思っていたが、もしかしてそんなこともないのか。

「またまた。そんなこと言って、お仲間さんもみんなすごい人たちなんでしょ？」

「いやいや、本当に普通のサラリーマンばかりだったよ。確かに、必死に不動産投資を勉強したり、それを継続できる根性のある人間たちだったけど、特別高学歴とか高収入だったりしたわけじゃない」

普通の人でも、給料以上に稼ぐことができる。そんなことがあるのか。とてもじゃないが信じられない。

そんな驚いた僕の様子を察して、寺井さんがちょっと違った角度から解説をしてくれる。

「お前、不動産投資、というか今の『不動産賃貸業』って、いつから存在しているか知ってるか？　家の所有者が借主から家賃をもらう、っていうビジネスモデル」

「えっ、いや、想像もつかないですね……。人口が増えてきた20世紀からとかですか？」

「お、なかなかいい読みだね。でも答えは江戸時代だ。**大地主や商人たちが、長屋を賃貸するようになったのが始まり**といわれている。もっと言うと、不動産を個人が所有する、という概念についてはさらに昔からあるしな」

「はぁ……」

正直、寺井さんの話の意図がよくわからなかった。

「つまり、何が言いたいのかと言うと、それだけ**歴史のあるビジネスモデル**だということだ。昔から【住居を貸し出して、賃料をもらう】という方法は変わっていないし、人は必ず住居を必要とするから、需要がなくなることもない。だからこそ、不動産賃貸業というビジネスには**再現性があるの**さ」

「再現性……」

「そう。つまり**成功している人の方法を真似れば、自分も成功しやすい**ということさ。俺も先輩大家さんたちから学んだことをそのまま実行したし、他の仲間たちもそうだ。もちろん、人口減少があったり、融資の情勢も変わったりで、アップデートしなきゃいけない部分はあるけどね。ただ、大筋はそんなに変わらないということ。極論、**誰でもできる**っていうのが不動産投資の魅力なんだよ」

「なるほど……誰でもできる……」

僕はこの間、ただ相槌を打つことしかできなかった。これまた衝撃的な話で、ただただ聞き入ることしかできなかったのだ。『誰でもできる』。よく聞く言葉だし、胡散臭く聞こえることもある言葉だが、実現している人に説明されると、やはり重みが違う。

そして、少し間を置いて、前と同じ質問を寺井さんにぶつけてみた。

「……それって、僕にもできますかね？」

「当たり前だ。俺にもできたんだから」

この前と同じ回答。しかも即答。たったひと言だが、ものすごく説得力に満ちていた。

やはり、**不動産投資ってすごい！**

もう決めた。不動産投資をはじめよう。僕の気持ちは固まっている。

最後に、勇気を振り絞って、このひと言だけは言わなくては。

「あの……寺井さん、僕に不動産投資を教えてもらえませんか？」

こうして、「1杯1000円」のお酒から僕の不動産投資は始まることになった。

3 サラリーマンであることが「武器」になる

そんなわけで僕は、**不動産投資家見習い**として寺井さんの弟子になった。

寺井さんが僕の師匠を引き受ける条件は、「毎週月曜日に店に来て、お酒を1杯以上頼むこと」。自分で勉強をしつつ、わからないことがあれば、月曜の夜にお店で相談することになった。

実は、僕はもともと月曜日にばかりBAR Terraに顔を出していて、その理由はお客さんが少ないからだった。実際、他のお客さんと顔を合わせたことも数回しかない。

寺井さんも、昔は月曜日はお店を閉めることも検討していたようだが、僕が定期的に来るし、忙しい時にできない雑務をするのにちょうど良いため、ずっと開けていたらしい。

また、これは後から知ったことだが、こういうコンサルティングを依頼すると通常は何十万円、人によっては何百万円とかかるらしく、僕の条件は破格だったようだ。

申し訳なくなって寺井さんに相談したこともあったのだが、曰く「数年続けてくれれば、そっちのほうがプラスが大きい」とのこと。

事実なのか僕に気を遣わせないように言ったのかは不明だが、こういうところも寺井さんらしい。

さて、こうして始まった僕らの師弟関係だが、その日のうちに、僕は記念すべき最初の相談をしていた。

それは、「**どうやってサラリーマンをしながら不動産投資をしていくか**」ということ。

自分で言うのもなんだが、僕は結構忙しいサラリーマンである。夜の8時前に仕事が終わることはほとんどない。0時をまわることすらしばしばある(我ながら、よく2週間で5冊も読破したと思う)。

そのため、毎日何時間も勉強したり、物件を探したりすることは難しかった。幸か不幸か、アパレル関係といってもオフィスワーカーなので土日は休み。有給休暇も事前にわかってい

れば取れないこともない状態だが、果たしてそれで十分なのか。

減給もあり、ちょうど今の仕事を長く続けるべきかどうか考えていたところで、それなりに貯金もある。

いっそ今の仕事を辞めて、不動産投資の勉強に集中するのも手かと考えていたが、これに対する寺井さんの答えは明確だった。

「**絶対にサラリーマンは辞めるな**」

「いやでも、今のままだと勉強時間がそこまで確保できないかなと思って……」

「その意気込みは偉いが、不動産投資において、勉強時間というのはそこまで重要じゃない。物件を探したりするのも、土日と通勤時間で十分だ。それに何より、**不動産投資をする上で、サラリーマンであることは武器になる**からな」

「サラリーマンであることが武器……？」

どういうことだろう。いまいち理解できていない自分に向かって、寺井さんは優しく語りかける。

「そうだ。不動産投資では、銀行から融資を受けるケースがあるのは知っているよな？」

「はい、それこそレバレッジ効果ですよね。本でも学びました」

「そのとおり。そういえば、お前に薦めた本は、融資についてはあんまり詳しく書いてなかったな。よし、ちょうどいいから俺から説明しよう」

そう言うと、寺井さんの目が少し鋭くなった。

「と、その前に、お前が銀行員だったら、どんな人にお金を貸したいと思う?」

「えっ、そうですね……。お金をいっぱい持っている人とか?」

「それはなぜだ?」

「うーん、返済がちゃんとできそうだから?」

「うん、そういうことだよね。じゃあ次に質問、毎月の収入がない人、収入が激しく変動する人、安定した収入がある人。この3人の中だったら誰がいい?」

「それはもちろん、安定している人のほうが……」

ここまでしゃべってハッとした。そうか、そういうことか!

「な？　銀行の立場になって考えればわかるだろう？　だから融資を受ける時には、**サラリーマンとして給与収入があること**が有利に働く。もし思ったとおりの家賃収入が入ってこない時、何も収入がない人よりは、安定して給料をもらっている人のほうが返済ができる、と考えるわけだ。収入はないけど勉強はたくさんしてます、って人よりよっぽど貸したくなるだろう」

「なるほど……。確かにそれはそうですね」

僕は見落としていた点だったが、言われてみれば当然だ。そして寺井さんが続ける。

「お前は融資を受けたことがないからわからないだろうが、融資を受けるってのは、結構大変なんだ。『不動産買うので貸してください』『はいどうぞ』ってわけにはいかない。**自分の買おうとしている物件の収支が良好だったり、担保価値があったり、っていうことを存分にアピールする必要がある**。そこにさらに、自分は安定した給料があるとか、金融資産がたくさんあるとか、返済能力をアピールして、やっと融資が受けられるんだ」

「そんなに大変なんですね……」

融資については、正直甘く考えていた。本の著者たちはどんどんアパートを買っていたし、寺井さんも何棟もアパートを持っていると言っていたから、ポンポンと受けられるものと思っていた。でも、何千万円もお金を借りるのだから、そんな甘い話なわけがない。

爽やかで苦労しているイメージはあまり湧かないが、やはり寺井さんも相当な努力を積み重ねてきた人なんだな、というのを感じた。

それと同時に、果たして自分なんかが融資を受けられるのか、と不安にかられ、寺井さんに聞いてみた。

「でも、それだったら、やっぱりお金持ちや高収入の人じゃないと、融資を受けるのは難しいですよね？」

寺井さんはニヤッと笑い、「よくぞ聞いてくれた」というような顔をしながら答えてくれた。

「もちろん、お金持ちや高収入のほうが有利だし、そういう人しか相手にしない銀行もある。

みんな知っているような有名な銀行ほど、その傾向だな。でも、中には普通のサラリーマンに融資してくれるところもあるんだ。そういうところに、資料を用意して、自分の事業内容をしっかりプレゼンして、頑張って融資を獲得するのさ。あと、物件によっても融資ができるかどうかは変わってくる。融資してもらえそうな物件を探して、打診したけどダメで、また物件を探して……と繰り返していくんだ」

「はあ……そんなに長い道のりなんですね……。そんなに大変なら、なおさらサラリーマンを辞めちゃダメですね。僕は別に、仕事が嫌いなわけではないですし」

「そうだな。どうしても辞めなきゃならない事情があるか、転職でキャリアアップになるのでなければ、今の会社にいるべきさ。俺なんか仕事は嫌で嫌で仕方なかったけど、10年以上続けたんだから(笑)」

「そうなんですね……(笑)。はい！　ますます本業のほうも頑張ります」

「おう、その調子！　できれば出世して給料も上がると、なおいいな」

こんな形で記念すべき初相談は終わった。結論はシンプルで、不動産投資に取り組みつつ、仕事のほうも引き続き頑張るということだ。仕事を辞めるとなれば一大決心だし、正直怖い気持ちもあったので、今日話してみてかなりホッとした。

サラリーマンであることが「武器」になる。だからこそ、サラリーマンをしながら不動産投資に取り組む人が多いのだろう。

自分の中で十分納得しかけたところで、寺井さんから、さらに興味深いひと言が発せられた。

「あ、そうだ。不動産投資がサラリーマンに向いている理由はもう一つあるよ。**不動産投資っていうのは、手離れがいい**んだ」

4 不動産賃貸業は手離れがいい副業

「手離れがいい……？　自分が何か動かなくてもいい、ってことですか？　でも不動産を買うには物件を探し回ったり、それこそさっき言っていたみたいに、融資を受けるのにいろいろ準備することが必要なんですよね？」

さっきまで、さんざん苦労する話を聞かされたので、正直言われていることがピンとこなかった。

しかし、寺井さんはそんな僕の様子はお見とおし、と言わんばかりに微笑んで、話を続ける。

「そうさ。だから仕事をしながらするのは骨が折れるし、物件を買う直前なんてバタバタだ。でもそれは、**物件を買うまで**の話。**買ったあとの管理は不動産管理会社に委託できるから、自分が毎日やらなきゃいけないことなんてほとんどない**んだよ。せいぜい、修繕することや空室ができたら頑張って営業することぐらいかな」

はあ、なるほど。だからやっぱりサラリーマンをしながら不動産投資をする人が多いんだな。でも管理会社ってどこまで対応してくれるんだろうか？

管理会社については、読んだ本にも解説されていたが、詳しく知りたくなって、さらに質問してみることにした。

「不動産管理会社への委託って、確か家賃の5％ぐらい支払うんでしたっけ？　どこまで対応してもらえるのか、少し不安です……」

「おっ、なかなか勉強しているな。そうだな……管理会社の役割っていうと主に二つだな。『入居者と建物の管理』だよ。①**入居者の管理**として、空室の入居者募集、クレーム対応、退去時の立ち会いとか、家賃の入金確認とか。②**建物の管理**としては、定期巡回して、何か異常がないか、修繕が必要な場所がないかチェックしたりとか、工事会社の調整とかだな」

「へえ、結構いろいろしてもらえるんですね、特にクレーム対応とかは、自分でやるならきついなと思ってました」

「そうだな。まあでも、ちゃんと家賃が支払われて、特にどこか壊れたりしなければ、管理なんてそんなにすることないからな。だから物件を買って、そのあと**管理会社に管理をお願いしたら、自分はまた次に物件を買うことに集中できる**。もちろん空室があったら、しっかり埋めて満室にしなきゃダメだけど」

なるほど、管理会社に任せられるなら、**棟数が増えても、自分がしなきゃいけない仕事が増えるわけではない**。**それなのに、収入は増えていく**というわけだ。だから寺井さんみたいに、サラリーマンをしながら何棟も不動産を持っている人がいるんだな。

「それなら、どんどん不動産を買っていけそうですよね。不動産が増えたからって、忙しくなることもなさそうだし」

特に深いことを考えずに発した言葉だったが、このひと言で寺井さんの目つきが変わった。

「そう、だから俺は、**普通のサラリーマンが金持ちになるには不動産投資が一番**だと思っている。手離れが良く、どんどん収入を増やしていけるからさ」

普段から切れ長の目が、さらに尖っていった。

「たとえば、不動産投資以外のポピュラーな副業として、『せどり（転売）』があるだろ？　あれも副業としていい方法なのは間違いない。しかし、より利益を上げようと思えば、より多くの商品を仕入れてたくさん売ることが必要になる。つまり、**時間も労力も増えてしまう**。中には人を雇って仕組み化する、なんていう強者もいるが、そこまでメジャーな方法じゃない」

「でも不動産投資は違う。一回**不動産を買って満室にしてしまえば、それからは毎月何もしなくても家賃収入が入ってくるんだ**。しかも、何かあっても管理会社に対応してもらえるから、本当に大家がすることなんて少ない。だから俺たち不動産

投資家は、**物件を増やすことに集中できて、どんどん収入を増やすことができる**。俺も仲間たちも、サラリーマン時代の給料よりも家賃収入のほうがずっと多いのは、そういうわけだ」

普段から寺井さんはよく話す人ではあるが、この時は熱量が違った。かつてないほどに、言葉に力がこもっていたのだ。それゆえに、この話が「**最も伝えたいこと**」なんだろうというのは、なんとなく想像できた。

「本当にすごいことですよね……。僕みたいな普通のサラリーマンからしたら、夢のような話です。僕は単に、生活できるぐらい稼げればいいなぁぐらいに思ってましたが、確かにお金持ちになるのも夢じゃないかも」

僕がそこまで喋ると、寺井さんもいつもの温和な顔に戻った。

「そうだよな。俺自身もそんな理由で不動産投資を始めたし、今も金持ちになることにはそんなにこだわっていない。まあ、何が言いたいのかというと、**不動産投資には夢がある**ということさ」

「そうですね。夢がある話で、聞いてて楽しかったです」

「そういえば、もう一つ大きなメリットを俺は感じている。それは**【経営を学べる】**こと。サラリーマンをしているだけだと想像もつかないだろうが、物件を買って、入居者募集をして、家賃を回収して、というのは投資というより経営だからな。将来、経営者になりたいなら必要になる知識や経験が学べるぞ。俺の場合、店を開くのにこの知識はすごく役立った」

「なるほど！　それはすごく魅力的ですね！」

これは完全に僕のやりたいこととも合致する。やっぱり不動産投資は僕にピッタリな副業だ。僕がまたしてもワクワクした気持ちでいると、調子に乗り過ぎないように、今度も寺井さんがちゃんと釘を刺してくれた。

「とはいえ、世の中うまくいっている人ばかりではない。失敗して苦労する人もいるわけだから、気をつけないとダメだぞ」

5　不動産投資のメリット・デメリット

「どうして不動産投資で失敗してしまう人がいると思う？」

寺井さんが、今度は非常に落ち着いたトーンで質問してきた。さっきまでの熱い様子とは打って変わってだ。夢のある話は終わり、シビアな面にも目を向けよう、ということだろう。

「そうですね……変な物件を買ってしまうから？　欠陥住宅とか、辺ぴなところにあるとか」

「まあそうだな。じゃあ、そんな物件を買ってしまうのはどうしてだ？」

「うーん……だます人がいるからですかね？」

「まあ、それもあるだろうな。でも一番の要因は自分自身、**つまり知識不足、勉強不足**だな。

さっきまでのお前みたいに、『不動産投資って儲かるじゃん！　すごい！』と思って、不動産を買うのはいいんだが、ちゃんと勉強せずに買ってしまうと大変だ。まあ、お前はしっかり勉強する気があるし、何より俺がいるから大丈夫だけどさ」

「でも高額な買い物をするんだから常に注意は必要だ。下手すれば自己破産なんてことにもなりかねない。そこは肝に銘じよう」

「はい、それはもちろん」

普段の楽しそうに不動産投資を語る寺井さんの姿とはギャップがあって戸惑ったが、それも僕のためを思ってなんだろう。自分の心に対して、文字どおり「釘を刺された」という感じがして、この時の寺井さんの言葉と眼差しは、その後もしばらく印象に残っていた。

「よし、そしたら知識の整理をしよう。不動産投資のメリットはもうわかってるよな？　レバレッジ効果とか、手離れがいいとか」

「そうですね、あとは**生命保険代わり**になる、というのも本で見ました」

「お、ちゃんと勉強しているな。団体信用生命保険(団信)に入っていると、ローンの支払い中に死亡したりした場合は返済が免除されるからな。将来、結婚して家庭を持ったりしたら入っておくといいかもな」

「あと、これはYouTubeの動画で見たんですが、不動産には株や通貨みたいに決められた価格がなくて、売主さんが価格を決められるから、相場より安く買えることがあるって」

「おお、よく知ってるな！　そのとおり、不動産には特定の市場で決められた価格というものがないから、売主と買主の合意で価格が決まるんだ。**【相対取引】**というやつだな。だから、**売主のほうで早く売却したい事情があったりすると、相場より安く買える**こともあるんだ」

「特に相続関係で売り急いでいたり、ボロボロの築古だったりすると割安に変えたりするるんですよね」

よし、褒められた！　不動産投資をすることでどんな効果があるか、それについては、調べているとワクワクすることもあって、いろんなブログやチャンネルをチェックしていた。

特に、メーカー勤務の自分としては、やはり仕入れ額については気になるところだったので、安く購入する方法は熱を入れて調べていたのだ。

これだけ褒めてもらえると、忙しい中頑張って勉強した甲斐があったというものだ。

不動産投資のメリットまとめ

❶手離れがいい
❷経営を学べる
❸レバレッジ効果
❹生命保険代わりになる
❺相対取引で割安で買える場合がある

不動産投資のリスクやデメリット

しかし、そんな喜びも束の間だった。

「ウンウン、よく勉強している。それじゃ、メリットについてはこのぐらいにして、次にデメリットやリスクについてはどうだ？　どんなものがある？」

「えーと……さっき言ったみたいに、変な物件を買ってしまうとか……」

「変な物件ってなんだ？」

「欠陥住宅とか、辺ぴなところにあるとか……」

「それはさっき聞いた。ほかは？」

「うーん、ボロボロだったりとかですかね？」

急に歯切れが悪くなる僕。当然、すぐに見抜かれる。

「お前さっき、ボロボロだと割安で買えるのがメリットって言ったじゃないか。さては、勉強してて楽しくなるようなメリットの面ばかり見てて、リスクのほうはあんまり勉強していないな？」

「すみません、本では読んだんですが、あんまりちゃんと覚えていなくて……」

完全に図星だった。しかしそんなところもお見とおしなんだろう。ははは、と笑いながら寺井さんが続ける。

「いや、いいさ。最初はそんなもんだし、自分もそうだった。でも、さっき言ったようにリスクやデメリットは肝に銘じる必要がある。後でちゃんと復習しておこう」

「はい！」

「いい返事だ。ちなみに、不動産投資に限らずだが、たいていの場合、**リスクやデメリットというものはメリットの裏返し**なんだ。だからメリットがしっかりわかっていれば、リスクやデメリットについても想像するのは難しくないはずだ」

「なるほど。そういうことですね。それなら……たとえば、不動産は相対取引だからこそ安く物件を買えるということは、逆に言うと**高い物件を買ってしまう可能性がある**、ということですか？」

「そのとおり！　いい読みだな。だからしっかり勉強して相場観を養っておかないと、業者に言われるがまま高い物件を買って赤字になってしまう、なんてことが起こりうるわけだ」

「それは厳しいですね。せっかく利益を得るために始めたのに、赤字だなんて……。あとは、築古物件とかも安く買ったのは良いけど、**思った以上にリフォーム費用がかかってしまう**、なんてこともありそうです」

「そう、それも考えられるな。思ったより修繕費がかかってしまって、いきなり出費がかさむ、なんてことはよくあることだ。自分の資金に余裕を持たせたり、リフォーム費用は余裕を持って見込んでおいたりすることが必要だ」

なるほど。確かにこれらのリスクは**割安で買えるというメリットの反対の側面**といえる。

「あとほかにどんなリスクが想像できる？　さっきお前が言った『変な物件を買う』っていうのは、ほかにどんなものが考えられる？」

「あ、全然入居者が見つからないというリスクがありそうです」

「おう、そうだな。**空室リスク**があるな。立地が悪かったり、立地は良くても競合物件が多くて空室がある場合があるな」

「いろいろリスクがありますね……。やっぱりそういう話を聞くと怖くなってくるなぁ……」

今までポジティブな話が多かったので楽しく勉強していた自分だが、やはり明るい話ばかりではない。そう、さっき寺井さんが釘を刺したように、失敗して苦労してしまう人も少なからずいるのだ。

「怖くなるのは仕方ないな。でも**リスクのないところにリターンはない**んだ。こういうリスクがあるからこそ、俺たち投資家は利益を得ることができる」

また少し、寺井さんの目が細く尖ってきた。大切な話に入った、という合図だ。

「たとえば修繕費がかかりそう、という理由で、ボロボロの物件が安く売りに出ていたとする。その時に、自分にリフォームの知識があって、**リフォーム費用を見込んでも十分安いと判断できれば、それはお宝物件になる**。立地にしてもそうだ。駅からすごく遠くて一見入居づけが難しそうに見えても、駐車場さえあれば賃貸需要がある、なんてエリアもある。そういう**需要を見抜ければ、それもいい物件になる**のさ」

「確かに……。でもそれには正確な知識が必要ですね」

「そう、だから勉強だけはしっかりしないといけない」

「リスクのないところにリターンはない」。言われてみれば当たり前のことだ。世の中そんなに甘くはない。やはりここまで説明されたリスクやデメリットは、「不動産は割安に買うチャンスがある」というメリットの裏側の部分なのだ。

「まあしっかり勉強すれば大丈夫さ。俺がついてるしな。大事なのはリスクを恐れることじゃなくて、**リスクをコントロールする**ことさ。その方法をこれからどんどん勉強していこう」

「それはとても心強いです」

本当にこの人がいてよかった。リスクを意識して不安になったが、このひと言でだいぶ勇気づけられた。

「よし、じゃあほかのリスクについても、自分でしっかり復習しておこうな」

「ありがとうございます。いろいろリスクはありますけど、ちゃんとそれぞれ対応方法はありますね」

「そうだ。リスクは絶対ゼロにはできないが、かと言って全くコントロールできないものでもない。**必要以上に恐れず、しっかり対策を講じることが大切**だ」

「わかりました！　引き続き勉強していきます」

こうして、寺井さんによる初日のコーチングが終了した。

不動産投資のメリットとデメリット。それを理解した上で、しっかり取り組んでいこうと、気持ちを新たにした夜だった。

まずは本の内容の復習と、もう少しＹｏｕＴｕｂｅの動画もいくつか観てみようかな。

また次の月曜日に向けて、学習計画を立てる自分。

毎日なんとなく過ごしていた時には感じられない、不思議な充実感があった。

不動産投資の代表的な リスク・デメリット一覧

❶**高値づかみ**……**相場観をしっかり身につける！**　毎日物件を見ていると、「だいたいこのエリアだと利回り○%の物件が多い」というような感覚が養われる。また、ポータルサイトで、同じエリア、同じような物件の売り出し価格を必ず調べる。

❷**空室**……**買う前に賃貸需要をチェック！**　物件近くの客付け業者（不動産屋）に電話や訪問して、賃貸需要があるのか、家賃相場がいくらなのかヒアリングする方法もある。また、不動産賃貸情報サイトで、同じエリア、同じような物件の賃料を必ず調べる。

❸**家賃滞納**……**家賃保証会社を使う！**　家賃保証会社の加入を入居の条件にすれば、滞納があっても保証会社から立て替えされるので安心。

❹**金利上昇**……**金利が上がると毎月の返済額も上がるので大変！**　返済には余裕を持たせたり（融資額を少なくする）、固定金利を選択するのもGOOD。

❺**災害**……**日本は世界有数の災害大国！**　火災保険・地震保険は必ず加入すること。保証内容を決める時には、自治体のハザードマップを見るのもいい。

第2章

勉強×スポーツだ（物件調べ編）

1 最初の出会いは「インターネット」

こうして1週間が経ち、僕はまたBAR Terraに行った。今日は珍しく僕の他にお客さんがいたが、寺井さん曰く「あの人はひとりになりたいタイプだから気にせず俺と話していい」とのことだった。BAR Terraの店内はカウンター8席のみのこぢんまりした空間で、落ち着いたシックな内装になっている。そんな雰囲気だからか、お客さんも年上の方が多い。今日のお客さんも、初老のダンディな男性だ。

さて、そんな今日の面談は活動報告からだ。

「寺井さん、先週は本をもう2冊、自分で買って読んでみました」

「おう、いいね。どんな内容の本だった？」

「一つは、新築RC（鉄筋コンクリート造）のマンションを都内に建てましょう、という内容で、もう一つは地方の高利回りなアパートを買っていく内容でした」

「なるほど。そうやっていろんな本を読んでいくのはとてもいいことだ。だが、その1冊目の内容は、高額な自己資金が必要だから、お前じゃ再現するのは難しいな。ひと通りいろんな種類の本を読んだら、そこからは自分にもできそうで、やってみたいと思えるものに絞ってもいいかもな」

そう、それは薄々感づいていた。今回読んだ本も、いきなり「自己資金を2000万円使ってマンションを建てた」という話からスタートしていた。これは自分には無理だ……と思いつつ読んでみて、確かに今の自分には同じことはできないが、融資を受ける方法だったり、空室を埋める方法だったりは、とても参考になったと思う。

「まあでも、いずれそういう新築RC物件にも挑戦する日も来るかもしれないからな。繰り返しになるが、いろんな本を読んでおくことはいいことだ」

「それはそうと、お前もそろそろ、自分で物件探してみてもいいんじゃないか？」

「えっ、もうですか？　不動産の運営方法とか融資のこと、火災保険とかひと通り勉強してからかと。まだまだわからないことも多いですし、専門的な本を読んでからと思っていましたが……」

この提案は意外だった。

物件を探すのは、融資や空室対策など、アパート経営に必要な知識の専門書を読み込んでから、と考えていたからだ。

「そうだな。確かにそれらの知識は必要だ。でもいろんな本を読んで、今でもある程度は知識がついてるだろうし、より深い知識は物件を探しながら勉強すればいい。これは覚えておいて欲しいんだけど、**不動産投資はデスクワークで得る知識よりも、実際に動いてみて学ぶことのほうが多い**。実践に勝る学習法はないってことさ。スポーツみたいなものだ」

「なるほどですね。それじゃあ、少しずつ物件を探してみようかな」

確かに、僕が学生のころしていたスポーツ（テニス）でも、教則本なんて1回ぐらいしか読んだことがない。

まだ実際に買うわけでもないんだし、物件探しをしてみてもいいかもしれない。

「そうすると、まずはインターネットで探す感じですよね」

「そうだ。有名なポータルサイトだと、**健美家**や**楽待**、**不動産投資連合隊**があるな」(図表2−1)

「その3つはいろんな本に載ってましたね。あと、ボロボロの戸建て買うならそれだけじゃなくて、普通の不動産サイトも見てみるといいんでしたっけ?」

「お! そのとおりだ。たとえばYahoo!不

図表2−1 ポータルサイトまとめ

投資家向け	実需向け
健美家	Yahoo! 不動産
https://www.kenbiya.com/	https://realestate.yahoo.co.jp/
楽待	SUUMO
https://www.rakumachi.jp/	https://suumo.jp/
不動産投資連合隊	不動産情報サイト アットホーム
https://www.rals.co.jp/invest/	https://www.athome.co.jp/

動産とかＳＵＭＯ、アットホームとか。実需向けといわれるサイトだな。投資家じゃなくて住んでいる人や相続で所有している人が物件を売りに出しているから、たまに安いお宝物件に出会えたりする」

目標から逆算して買うべき物件を探す

「なるほど、わかりました。でも、僕の場合はどんな物件から探したらいいんですかね？寺井さんみたいにアパートから始めるのがいいような、戸建てもいいような……」

「これは難しいところだな。いろんな投資法があって、人によって言うことが違うから、正直迷うよな」

そうなのだ。

ある本では「築古アパートが良い」と書いてあり、別の本では「ボロボロの戸建て最高！」と書いてある。他にもブログやＹｏｕＴｕｂｅチャンネルを見ても、区分マンションを買い進めたなんて人もいれば、新築アパートばかり建てている人もいる。

みんなその手法で夢を叶えたのは間違いないんだろうが、結局どれが自分に合っているのか……。

そんな悩みに対して、すごく腑に落ちる回答を寺井さんは用意してくれた。

「どんな物件を探すかは、まずは**【自分の目標から逆算】**すればいい」

「目標から逆算、ですか?」

「そうだ。たとえば5年後に億万長者になっていたい、というなら安いボロボロの戸建てばかり買っていても目標に追いつかない。反対に、月数万円お小遣いがあればいいとか、老後に年金の足しになればいい、なんて人はわざわざ大きな一棟アパートやマンションを買ったりしなくてもいい。区分マンションや小さい戸建てでも十分目標が達成できる」

「確かにそうですね。そうなると僕の場合は、今の仕事を辞めても生活できるようになることだから、やっぱり区分マンションや戸建てとかよりは、アパートとかですかね?」

「そうだな。戸建てを買ったりしてもいずれ達成できるだろうが、時間はその分かかる。たとえば5年以内にそれを達成したい、と思うならアパートを買ったほうがいいだろう」

「なるほど。戸建て投資も面白そうでしたが、そしたらアパートをどんどん調べてみます！」

「よし、その意気だ！　そしたら、せっかくだから今ポータルサイトで検索してみよう。楽待を開いてみてくれ」

「あ、はい！」

こうして僕は寺井さんと一緒に、人生で初めて収益用不動産を探してみることになった。まだ実際に購入するわけではないのだが、物件を見てみるというのは、不思議な高揚感があった。

気になる物件はどんどん問い合わせよう

「よし、開けたな。そしたらまずは**会員登録**だ」

ここで氏名や自分の年収、自己資金や所有不動産(持っている場合)を登録する。

「よし、登録できたな。そしたらトップページから物件を検索するんだが、ただ闇雲に探しても、物件情報が多すぎるから効率が悪い。**検索条件を設定**しよう」

「わかりました。でもどう設定したらいいですかね?」

「まずは❶対象エリア　❷対象物件　❸価格帯　この3つだけ決めておこう。本当は利回りとかも絞るんだが、それはもう少し慣れてからだな」

まずはこれだけでも決めよう！　検索条件の例

❶ 対象エリア
❷ 対象物件（一棟物件 or 区分マンション or 戸建て・土地等）
❸ 価格帯

「❶対象エリア　はまずは土地勘があるところで絞ろう。お前は家が都内だったな？　都内とその近郊、神奈川、埼玉、千葉まででで絞ってみるといいんじゃないか」

「❷対象物件　は一棟アパートだな」

「最後に❸価格帯　だが、これは**自分の使える自己資金から逆算する**んだ。融資を受ける場合、最低でも物件価格の1～3割は自己資金が必要になる。たとえば、自己資金が300万円なら、価格帯1000～3000万円という具合だな」

「なるほど! 一都三県、一棟アパート、1000～3000万円で検索と……あっ、1000件ぐらい出てきました」

東京近郊だけでそんなに売りアパートがあるのか! というのが正直な感想だった。これだけあるなら、確かに普通のサラリーマンでも買える不動産がある、というのがわかる気がする。

「結構出てくるな。それで、この検索結果を利回りの高い順だったり、築年数の浅い順だったりで並べ替えできるから、いろいろ見てみるといい。なんとなく物件を買うイメージが付いてくる」

「なるほど。それにしても、こうやって見ると、いろんなアパートが売りに出てるんですね。1件見るだけでも結構時間かかるし、一つひとつ見てたら日が暮れちゃいそう……」

「慣れていない間は、1物件見るのに10分ぐらいかかるかもな。でも繰り返し見ていると、**ひと目見て物件の取捨選択ができる**ようになる。この利回りだと割高だなー、それ以上見なくていいや、みたいな」

「そうすると、最初は10分かかっていたものが、5分、1分、30秒となってくるのさ。1物件あたり30秒で確認できるようになれば、**1日10分ポータルサイトを確認するだけで、20物件確認することになるぞ**。1ケ月だと600物件、1年間だと7200物件だな」

「そうか!!……1日10分だけでもそんなに調べられるんですね！」

「そう。だから大事なことは、**毎日確認する習慣をつけること**。そうすると、自然と物件を見極める力が鍛えられる。慣れてきて、ある程度相場観が身についたら、利回り、建物構造とかも条件に入れて検索して行こう。そうして毎日チェックしていると、『これは安い！』という物件が急に現れたりするんだ。だから、とにかく毎日継続することが大切だ」

なるほど、「継続は力なり」というが、不動産投資でもそれは当てはまるということだ。

「わかりました。通勤時間とかに毎日チェックするようにします。それにしても、いろんなアパートが売りに出てるんですね。これなんかは都内で利回り８％か。こっちの埼玉のやつは、利回り14％もありますね」

「どれどれ、ちょっと貸してみせてくれ。ほう、この埼玉のやつはなかなか良さそうだな」

そう言うと、寺井さんは僕のスマホをポチポチ操作しだした。

「？　寺井さん、何してるんですか？」

「資料請求しておいたよ」

「えっ！　ちょっと、なに勝手にしてるんですか⁉」

当然だが資料請求なんてしたことがない。そんなこといきなりするなんて、思ってもみなかった！

「そんな大したことじゃないさ。**気になる物件があればどんどん資料請求して、物件を見る目を養う**んだ。この物件を掲載している仲介会社さんから概要書とかが送られてくるから、それもチェックしてみよう。あと、もしかしたら『一度購入について面談しませんか？』という連絡もあるかもな」

「面談って……まだまだ知識も足りてないし、心の準備が……」

資料をお願いするだけでなく、実際に仲介会社の人に会う、なんて展開もあるのか。人と会う、となるとさらに不安になってきた。相手も忙しいだろうし、勉強不足の状態で会って、お前は不動産の知識が足りない、っていう風に怒られたりしないものか……。

そんな僕の不安を察するように、寺井さんは続ける。

「そんなに構えなくても大丈夫だ。向こうも仕事だから、むげに扱われたりはしないさ。それに、仲介会社さんと面談していくなかで、**自分の投資手法がまとまる**というメリットがある。会社によって、得意な物件のエリアやつき合いのある金融機関が違うからな。面談に行くと、自分の職業や年収、自己資金を聞かれて、『あなたの年収なら〇〇銀行を使えるから、それで関東エリアの築古物件を買いましょう』みたいに提案をもらえたりするんだよ。**そういう話しをいろいろ聞くことで、自分がどういう物件を買うべきか、その方向性がだんだんと整理されてくるのさ**」

「そうか……確かに今の僕は、どこの物件を買ったらいいのか、どこで融資を受けたらいいのか、そういうことはまだ定まっていないですね」

「そうだろう？　物件の価格や融資の情勢は日々変わっていくからな。これぱっかりは本で学ぶだけでは、直近の動向はわからない。**日々最前線で取引している仲介会社さんから教えてもらう**のが一番だ。今回の会社だけでなく、いろんな会社にどんどん相談してみるといい。ポータルサイトからの資料請求だけでなく、ホームページから面談の予約もできるぞ」

「わかりました。そしたら勇気を出して、どんどんいろんな会社に問い合わせてみます」

「おう、その調子だ！　いい提案をしてもらえるといいな」

こちらもチェック

メール通知・物件紹介も活用しよう！

ポータルサイトでは、辻林くんたちのようにその都度検索をすることもできますが、それだけでなく、メール通知機能もあります。事前に希望条件を登録することで、その条件にあった物件情報がメールで通知されるので、検索の手間が省けて便利です。

また、健美家や楽待では、自分の属性（職業、年収、自己資金など）と、希望する物件の条件を登録しておくと、それに合う物件を、仲介会社さんから直接提案してもらうこともできます。この場合、売主の都合などで大々的に周知することのできない、「非公開物件」の紹介を受けられることもあります。

ただし、仲介会社さんは登録されている投資家の属性を見て、どの人に物件を紹介するかを決めているため、その「見せ方」を工夫しましょう。

具体的には、物件をちゃんと購入できる人だと思われることが必要です。そのため、自己資金や年収はしっかり申告しましょう。

自己資金は、嘘をついて多く申告することはいけませんが、自分が集められる、できるかぎり大きい金額を登録しましょう。現金だけではなく、株式や生命保険などの金融資産がある場合は、その時価をプラスしたり、家族の貯金や、身内から資金を借りられる場合はそれをプラスしてもいいでしょう。

また、物件の希望条件については、あまりにも市場の相場とかけ離れた条件を書いていると、仲介会社さんに相手にしてもらえませんので、注意しましょう。

そして、コメント欄には、仲介会社が提案したくなるようなコメントを書いておくことが重要です。

以前買おうとした物件などで、金融機関から融資の内諾を貰ったことがある場合は、「○○銀行にて、○○万円の融資内諾実績あり」などと記載しておきましょう。融資の受けられる人と認識されて、提案を受けやすくなります。

また、「駅から遠くても構わない」「築古でもいい」など、自分が取れるリスクを書いておけば、多少問題はあるけど割安な物件を紹介してもらいやすくなります。

図表2－2　楽待の希望条件登録画面　(例)

1棟アパート 1,000万円～3,000万円			
物件種別	1棟アパート		
物件所在地	東京都（全域）		
物件価格	1,000万円 ～ 3,000万円	表面利回り	10%以上
構造	こだわらない	築年数	こだわらない
部屋タイプ	-	面積	
最寄り駅までの時間	こだわらない		
一言コメント	上記の基準を上回る物件であれば、すぐにでも現地視察し、買付を入れさせていただきます。また、以前別の物件で○○銀行に融資打診した際に、○○万円まで融資可能と回答をいただいております。 駅から遠いなど、多少の難あり物件でも細かいことにはこだわりませんので、利回りが高ければ積極的にご提案ください。		

このように、物件を探すだけでなく、通知を受けたり、購入の提案がもらえたりするポータルサイトは、不動産投資家の強い味方です。ぜひ有効に活用して、物件購入に役立てましょう。

2　相手にされなくてもめげるな！

まずは資料のチェック

次の日、早速埼玉のアパートの資料がメールで送られてきた。

資料の内容は、❶物件概要書 ❷レントロール ❸修繕履歴 ❹固定資産評価証明書 ❺不動産登記簿謄本の5つだった。

これらの資料の見方は、僕の持っている本によると次のとおりだ。

主な資料の確認方法

❶ 物件概要書

物件概要書とは、物件名、住所、価格、利回り、築年、構造、土地面積、建物延床面積などの詳細情報が書かれている書類。「マイソク」と呼ばれることもあります。購入検討するかどうかの判断は、9割がたこの書類を見て行います。物件の立地、利回り、築年、土地面積などをよく確認し、自分の投資基準に当てはまるか、しっかり見極めましょう。

❷ レントロール

レントロールとは、その物件の部屋ごとに、家賃の金額、共益費の金額、駐車場の金額などがまとめられた一覧表のことです。

❸ 修繕履歴

修繕履歴とはその名のとおり、その物件について、いつ、どの箇所が修繕されたのか、その履歴です。

ただし、大家さんによっては、正確に修繕履歴を残していない人も多く、修繕履歴が残っていないのであれば、仲介会社さんにお願いして、なるべく聞き出してもらうようにします。

❹ 固定資産評価証明書

不動産を取得すると、毎年固定資産税という税金を支払う必要があります。その固定資産税額は、所有する不動産の課税標準額に沿って決められますが、その評価額を証明する書類が、固定資産評価証明書です。

この評価額が、積算評価(金融機関の担保評価)に影響します。

❺ 不動産登記簿謄本

その不動産の土地・建物に関する権利関係が記録された書類です。その土地の所在や面積、所有者や担保権者などが記録されています。

不動産登記簿謄本を確認することで、その不動産が過去にどういう経緯で所有者が変わり、現在の所有者は誰で、借入れがあるのであれば、その当時にどういう条件で借入れをしたのかなどがわかります。

この5つが今回送られてきた資料だ。正直、全部に目をとおす時間はなかったので、物件概要書だけ目をとおすことにした。また、この他にも建物の図面などが送られてくることもあるらしい。

そして、寺井さんの予想どおり、資料が送付されてきたメールには、「もしよろしければ今度面談しませんか？」と書かれていた。

ちなみに、今回の物件のスペックはこんな感じだ。

東武東上線　A駅　徒歩12分
木造　築23年
利回り14％
1K×6戸
価格　2800万円

物件探しを始めたばかりの僕にはよくわからないが、寺井さん曰く、数字だけを見たところ良いスペックとのこと。

とにかくまずは仲介会社さんと面談することにしようと思い、勇気を出して仕事終わりにオフィスにお邪魔することにした。

初めてのことなのでドキドキする一方、「もしかしたら物件を買えるかも」と思うとワクワクする気持ちもあり、今日の日中の仕事はいまいち手につかなかった。

良い物件は足が早い

そして、約束の時間になり、僕は人生で初めて仲介会社さんを訪れた。

東京駅の丸の内出口から歩いて数分、大通りから1本入った路地にある雑居ビルの4階が、今回の仲介会社さんのオフィスだ。

「お越しいただき、ありがとうございます。私、Aエステートの鈴木と申します」

「こちらこそありがとうございます。辻林です」

そうして、僕は初めて仲介会社の担当者さんと名刺交換をした。鈴木さんは真面目そうな細身の男性で、見たところ年齢は40歳ぐらいだろうか。温和な雰囲気の人で、正直少しホッとした。営業マンというと、頭が切れて、少し押しが強いようなイメージがあり、どんな人が現れるかビビっていたのだ。

「早速ですが、実はお問い合わせいただいた埼玉の物件、もう買い手が決まっちゃったんですよー。すみません」

「えっ！　もうですか」

スタートから何とも衝撃的な話しだ！　今日はその物件の購入相談のはずだが……。

「はい。先週末に掲載したばかりなんですけどね。つい先ほど、融資を使わずに現金買いするっていう人が現れましまして。やっぱり**良い物件は足が早い**ですねー」

鈴木さんは淡々と話しているが、これには驚きを隠せなかった。2800万円もの高額な買い物を、掲載からたった数日経っただけで済ませてしまう人がいるとは。しかも、融資を使わずに現金で支払うって……。自分には、それがどんな人なのか全く想像できない。資産家というのだろうか。今まで出会ったことのないタイプの人であることは間違いない。

「はあ……。世の中にはすごいお金を持っている人がいるんですね……」

そう言うと、鈴木さんが少しだけクスッと笑い、諭すように続けた。

「まあでも、このぐらいの価格帯だと、**現金買いする人も多い**ですよ。億を超える物件は融資で買って、3000万円以下は現金で買っちゃおう、なんて人いっぱいいますからね。融資の審査も必要ないから、良い物件だったらすぐ買っていっちゃう。だから、辻林さんも、**物件購入する時は早く決断しない**とですね」

「は、はあ……。そういうものなんですね……」

やっぱり不動産投資って、いろんな意味ですごい。サラリーマンだけをしていたら絶対聞かないような話しを耳にし、僕は少し怖気付いていた。

「さて、そんなわけで、残念ながら埼玉の物件は売れてしまったんですが、今後もいい物件があったらご紹介させてもらってもいいですか？」

「もちろんです。ぜひお願いします！」

「ではまず、こちらのプロフィールシートの記入をお願いします」

「あっ、はい」

このとき鈴木さんが持ち出した**プロフィールシート**（図表2－3）とは、自分の氏名、住所、勤務先、金融資産などを記入するもので、履歴書みたいなものだ。これは自分で作っておく

図表2－3 プロフィールシートの例

令和　年　月　日 作成

フリガナ		住所					
氏 名		生年月日	年　月　日　歳	趣味		出身地	
住 所	〒			最終学歴			
連絡先	メールアドレス	電話番号		FAX番号			

勤務先	会社名		所属部署		勤続年数	4　年
	職 種		役職名		定 年	60　歳
	住 所				電話番号	
給与所得額	年　万円		年　万円		年　万円	
不動産収入	年　万円		年　万円		年　万円	

家族構成	氏名	続 柄	生年月日	同 居	住 所	連帯保証人	勤務先	年 収
				有・無		可　不可		万円
				有・無		可　不可		万円
				有・無		可　不可		万円
				有・無		可　不可		万円
				有・無		可　不可		万円

資産内容

〈保有不動産〉※自宅を含む

物件種別	所在地	間取	構造	築年月	購入時期	購入価格
①						万円
②						万円
③						万円
④						万円
⑤						万円
					合 計	0　万円

〈 上記不動産のお借入:家賃収入状況 〉

借入先(銀行・etc)	借入時期	借入期間	残期間	利率	借入金額	年間:返済額	借入残高	年間:家賃収入	年間:CF
①				%	万円	万円	万円	万円	0　万円
②				%	万円	万円	万円	万円	0　万円
③				%	万円	万円	万円	万円	0　万円
④				%	万円	万円	万円	万円	0　万円
⑤				%	万円	万円	万円	万円	0　万円
合 計					0　万円	0　万円	0　万円	0　万円	0　万円

その他借入(カーローン・etc)	借入金額	年間:返済額	借入残高	備考
①	万円	万円	万円	
②	万円	万円	万円	
③	万円	万円	万円	
合 計	0 万円	0　万円	0　万円	

金融資産等	金 額	内 訳 ・ 備 考
預 金	万円	
株(国債、投信)	万円	
保 険	万円	
財 形	万円	
その他(外貨)	万円	
	万円	
合 計	0　万円	

＜購入希望物件・条件＞

と、仲介会社さんや金融機関との面談に便利、と本で読んでいたのだが、今回は作るのをすっかり忘れていた。

「すみません、事前にプロフィールシートを作ってくれば良かったですね……」

「いえいえ、ご自分で作ってこられる方のほうが少ないですから。あっ、書けましたかね。どれどれ、年収450万円、自己資金は500万円と……そしたら、今回の物件みたいに、3000万円未満のアパートとかが良さそうですね」

「やっぱりそうですか。それは融資との兼ね合いですか？」

「そうです、そうです。辻林さんのご属性なら、地方銀行のA銀行とか、ノンバンク（銀行以外の金融機関）のBファイナンスとかなら融資の可能性がありそうです。融資額は多くても物件価格の9割とかですし、物件を買うには**諸費用で物件価格とは別に1割ぐらい費用がかかります**からね」

初めて具体的な金融機関の名前を聞いた。A銀行もBファイナンスも、正直聞いたことがない金融機関だった。

「ありがとうございます。勉強になります。そうなると、物件は中古物件になりますか?」

「そうですね。新築だとどうしても、もう少し値が張ってしまいますから。RC(鉄筋コンクリート造)も価格的に厳しいので、軽量鉄骨造や木造の築古でしょう。で、どちらの銀行も一都三県(東京・神奈川・埼玉・千葉)の物件が融資の対象なので、そのエリアの物件で探していくのが良いかと」

「わかりました。それでは、もし何か良さそうな物件があれば、よろしくお願いいたします」

そうして、僕の記念すべき初面談は終了した。

かなり緊張もしたが、終わってみればそれは杞憂で、鈴木さんはとてもいい人だった。

しかも、**融資の情報を聞けたり、買うべき物件もかなり具体的に提案してもらう**ことができた。寺井さんの言っていたとおりだ。

こうして初面談が成功に終わったことで気を良くした僕は、今週平日にもう1件同様のアポイントを入れてみることにした。

そちらも担当者さんはとても親切な方で、やはりA銀行やBファイナンスを使ってみては、とのことだったが、あわせてC公庫も可能性があるかも、という話しも聞くことができた。

先日Aエステートに聞いた内容と合わせると、各銀行の融資姿勢は以下のようだ。

自分の使える金融機関

A銀行

東京の支店（新橋）から1時間で行ける距離の物件が対象。融資期間は最大35年、金利は2〜3%。既存の借入れがないことが条件（1棟目を買うときしか使えない）。

Bファイナンス

主に一都三県の物件が対象。融資期間は最大35年、金利は3・9%。

C公庫

政府系の金融機関。融資条件はさまざまだが、若者や女性に対して優遇あり。

また、融資の提案だけでなく、購入物件について「アパートだけじゃなくて築古戸建てを買うのもいいかも」という提案ももらった。やはり寺井さんの言うとおり、扱う物件も会社によってさまざまなようだ。

何はともあれ、こうして仲介会社を開拓することに抵抗がなくなった僕は、週末にも2件ほどアポイントを入れることにした。

次はどんな提案がもらえるのだろう。もしかしたら、物件を買うところまで話が進むのかもしれない。

そんな風にワクワクしていた僕だったが、ここで思わぬ落とし穴が待っていたのだった。

思わぬ塩対応

「辻林さんのご属性だと、不動産投資はできませんね」

プロフィールシートを渡して開口一番、耳を疑うような言葉が飛んできた。

不動産投資はできないだって……?

「えっ、でも他社さんでは、A銀行やBファイナンスで物件を買おうって提案されたんですが……」

「ああ、それね。ちょっと前までは融資してましたけど、今は全然ですよ。年収600万円はないと融資してくれないんで。頑張ってあと500万円ぐらい貯めて、給料ももっと上がる30歳ぐらいになったら、新築を買いましょう」

ふうっ、とため息をついたその人は、あからさまに面倒臭そうに話しをしていた。

結局、その日はそれ以上大した話を聞き出すこ

とはできずに、面談が終了した。絵に描いたような塩対応で、驚きのあまり、面談終了後はしばらくポカンとしてしまった。

しかし、驚くのはまだ早かった。

翌日、日曜日に訪問した会社でも同じことを言われたのだ。

言い方や態度はもう少し丁寧だったが、要約すると、もう少し貯金をしてから新築を買いましょうという話しだった。

もしかして、この間面談した会社の情報は古くて、本当はどこも僕みたいな属性の人間には融資をしていないのか。僕はまだ不動産投資はできないのでは……?

この週末に言われたことがあまりにもショックで、日曜日は夜9時には布団に入ってしまった。

翌日、いつものとおりBAR Terraに行き、週末あったショッキングな出来事を、

正直にそのまま寺井さんに話してみた。

「はっはっは、塩対応なんてよくあることさ」

あまりに寺井さんが元気よく笑い飛ばすので、僕は逆に驚いた。自分としては、かなり精神的にダメージのあることだったんだが……。

「たぶんそれは、その会社がお前みたいに若い人に仲介した経験がないんだろう。不動産投資のプレーヤーなんて、大半は40歳以上で、自己資金も1000万円とかあるような人だからな。大丈夫、本当によくあることだから全く気にする必要なんてない」

それを聞いて、僕は少しだけ元気を取り戻した。

「それより、その前に面談した2社、いい感じじゃないか。確かに、お前の属性ならその3つの銀行を使えそうだな。それに、築古物件なら利回りも高いしいいと思うぞ」

良かった、やっぱり僕には不動産投資をするチャンスはあるようだ。

「やっぱり利回りは高いほうがいいんですかね？」

「そうだな。やっぱり、どんどん不動産を買い増していくには自己資金が必要だから、初めのうちはそれなりに高い利回りの物件を買っていったほうがいい。あと、融資の返済額とのバランスも大事だ。**ローン返済比率**ってわかるか？」

「うーん、すみません、ちょっとわからないです……」

「**ローンの返済比率**っていうのは、**毎月の返済額÷満室想定家賃額の割合（%）**のことだ。満室で月40万円の家賃収入があって、返済が20万円なら50%ということになる。これが40%以下なら安全、50%を超えると黄色信号、60%を超えると危険、とよくいわれている」

「なるほどですね。そうすると、利回りって具体的に何%ぐらいが目安になるんでしょうか？」

「それは具体的な事例で考えてみよう。たとえば、木造築30年・2000万円のアパートに9割の1800万円の融資を受けたとする。A銀行だと木造の場合50年－築年数となることが多いから、想定は20年融資としよう。金利は2～3%が条件だから、ここでは2・5%と想定するか。そうすると、月の返済はいくらになる?」

「えっ、ちょっとすぐには計算できないです……」

「いやいや、自分で計算しなくていいんだよ(笑)。こういうアプリとかあるだろう?」

そう言うと、寺井さんは自分のスマホの**ローンシミュレーターのアプリ**を見せてくれた。なるほど、不動産投資家は常にこういったアプリを用意しているようだ。早速僕もインストールしてみる。

「ええっと、借入額1800万円、金利2・5%、年数20年……。あっ、計算できました。だいたい9・5万円ですね」

「そのぐらいだよな。じゃあ、さっきの基準で考えて、ローン返済比率を50％以下にしようとすると、月の家賃額は？」

「19万円は必要ですね」

「そういうことだ。ということは、19万円×12ヶ月＝228万円。これを2000万円で割ると利回りは11・4％となるな」

「そうか！　そうやって逆算すればいいんですね！」

「そうだ。まあ金利が想定よりも高くなる場合も考えて、利回り12％がひとつ目安だろうな。これはA銀行が融資してくれる物件としては、かなりいい水準だから、同じようにA銀行を使いたい人同士で競争になる。頑張って物件探さないとな」

「わかりました。そのためにはインターネットで毎日チェックですね」

「そのとおり！　あとどんどん仲介会社さんを開拓して、物件紹介を受けることだな。A銀行で融資を受けられる利回り12％の物件、っていうと、条件として厳しいから、また相手にしなくなる会社もあるかもな(笑)」

「ええ……またあの塩対応されるんですかね……？　正直少し怖いです」

「大丈夫、怖がる必要はないさ。それに、相手にされないことは、これからもたくさんある。仲介会社さんだけじゃない、金融機関にだって、全然相手にされないこともたくさんあるぞ。本気で不動産投資をしようと思うなら、そんなことでめげてちゃダメだ。心配しなくても、意外とすぐ慣れるさ」

「寺井さんも、塩対応された経験あるんですか？」

「当たり前だ。仲介会社さんにも、金融機関にも、それこそ何十回とあるぞ」

うーん、やっぱりこの人はこう見えて結構苦労をしているようだ。

「わかりました。こんなことで気負ってってはダメですね。また明日からどんどん物件探し&仲介会社さんへのアポイント、頑張ります！」

「おう、また来週の報告楽しみにしているぞ」

こうして気持ちを新たにして、僕は店を出た。

今日、店に来る前はもやもやした気持ちがあったが、今はまた次に向けて前向きな気持ちになれている。

やっぱり寺井さんの言葉はすごく心に響く。そして、それはやっぱり、寺井さん自身が苦労を惜しまずに、努力してきた人だからなんだろう。自分も少しでもあの人に近づきたい、そう思えた日だった。

3 「高利回り」だけではダメ

さて、今週も淡々と物件を探していたが、慣れてくると資料請求も抵抗がなくなってくる。そして、資料請求をすると、どうやらその仲介会社さんのメルマガに自動的に登録されるということがわかった。毎日のように**「こんな物件情報入りました！」みたいなメールが来るので、メールをチェックするだけでも何となく相場観が養われる**。

また、いろんな会社への訪問も併せてしていたが、言われることはだいたい同じような感じ。A銀行やBファイナンス、その他ノンバンク等で築古物件を狙いましょう、ということだった。やはり、政府系の金融機関であるC公庫もいいのではないか、という話しもたまにあった。

なるほど、寺井さんの言っていたとおり、**いろんな仲介会社さんの話しを聞くことで、自分の投資手法がかなり固まってきた**。今の僕がターゲットにしている物件は、概ね次のような内容だ。

ターゲット物件

所在 一都三県
価格帯 ～3000万円
融資 A銀行、Bファイナンス、C公庫

ちなみに、融資については、1棟目はできればA銀行で購入したほうがいいようだ。なぜなら、A銀行は、他に借入れがある人には、基本的に融資をしない方針だからだ。何も借入れがない1棟目の購入のときにしか使えない。それであれば、最初にそちらを使って、それ以降Bファイナンス等で物件を買う、としたほうが物件を増やすのに効率的なのだ。

さて、そんな風に物件を探していたある日、先日面談したAエステートからのメルマガで、面白そうな物件情報が届いていた。

神奈川県某市
小田急線　B駅　徒歩14分
木造　築27年
利回り12・5%
1K×8戸
価格　2780万円

「早い者勝ち！　A銀行で融資の可能性あります！」という宣伝文句もついている。

神奈川県内で利回り12%以上というと、かなりいい水準のはずだ。

僕は早速Aエステートの鈴木さんに電話して、資料を送ってもらった。立地は間違いなくいいし、利回りは抜群だ。

これはお宝物件かもしれないとワクワクしながら、ちょうど月曜日だったので寺井さんに話しを聞きに行くことにした。

「ほう、なかなか良さそうだな。日々物件をたくさん見る中で、良さそうな物件をちゃんと見つけられるのは偉いぞ」

よし、褒められた！　毎日毎日物件情報をチェックするという、地道な活動が少し報われた気がした。

だがしかし、喜びも束の間、寺井さんはすぐさま険しい顔になった。

「うーん……これ、**レントロールはちゃんとチェック**したか？」

「えっ、レントロールにも目をとおしましたが……」

「いやいや、そうじゃなくて。この**家賃の金額や空室の想定家賃は妥当か確認した**の？」

「……すみません、それは忘れていました……」

図星。そうだった。**必ずしも、レントロールに書かれている家賃設定を鵜呑みにしてはいけない**のだった。

「やっぱりな。2部屋空室があって、両方設定家賃が4万2000円になっているけど、これはおそらく相場よりも高いな。あと空室ではないが、101号室は家賃4万8000円になっているけど、これは築浅の家賃が高かったころから住んでいて、ずっと更新しているような人だろう。**退去があると一気に利回りが下がってしまうから、こういう部屋も相場の家賃に引き直して考えないとダメ**だ」

「そうですよね……。勉強していたのにすっかり忘れていました……。こういうときは、よくある賃貸募集サイトで家賃を調べるんでしょうか？」

「そうだな。この物件と**似たようなスペックの部屋が、いくらで入居募集されているのか調べる**感じだな。今回だと、【B駅　徒歩15分、間取り1K、広さ15〜20平米、風呂・トイレ別】、だいたいこんな感じか」

そう言うと、寺井さんはその場ですぐに賃貸募集サイト開いて見せてくれた。

「やっぱりな。築浅なら4万円代の部屋もあるが、築20年以上だとほとんどが2万円代後半、一番安いものだと2万3000円の部屋もある。こうやって見てみると、2万円代後半〜3万円代前半が相場だろうな」

「なるほど。そうすると、仮に1部屋3万円だったとして利回り計算し直すと、3万円×8部屋＝24万円。24万円×12ヶ月＝288万円で、これを物件価格2780万円で割ると……うげっ、利回り10・4％まで落ちちゃいました」

「そうなるよな。だからレントロールはしっかり確認しないとダメなんだ。あと、家賃はあくまでも賃貸募集サイトを見て推察しただけだから、できればプロの意見も聞いたほうがいい」

「プロの意見……ですか？」

この場合のプロって、誰だろう？

「そうだ。**物件近くの賃貸仲介会社さんへのヒアリング**だな。電話で聞いてもいいし、訪問してもいい。『**このエリアで、築○○年ほどのアパート、間取り○DK、○平米の広さであれば、相場はいくらぐらいでしょうか？**』みたいに質問すれば、たいてい答えてくれる」

「そのときに、人気のある設備や、※AD（広告料）は平均どのぐらいかけているのかについても聞いておこう。明日の仕事の合間とかに、近くの不動産屋に電話してみたらいいと思うぞ」

> **※AD（広告料）とは**
> 入居者を決めてくれた賃貸仲介会社さんに対し、仲介手数料とは別に支払う報酬のこと

なるほど。そうやって不動産投資家たちは、家賃収入をシミュレーションしたりするんだな。それにしても、世間一般にいわれているイメージと違って、不動産投資って泥臭い努力が必要なんだな、と思った。

「わかりました。早速明日やってみます。ヒアリングする際に注意すべきことって、何かありますか？」

「まずは、そもそもヒアリングしても問題ないか、Aエステートに確認したほうがいい。売主が近所に内緒にして売りに出してることもある」

「ヒアリングしても問題ないとなったら、**最低3社は聞いたほうがいい**。各社によって得意な客層やエリアも違うからさ。あと、好意で教えてもらうものだから、繁忙期や土日の午後みたいな忙しい時間帯は避けたほうがいいだろう。事前に聞きたいことをまとめておいて、手短に終わるようにしよう」

「わかりました！　ありがとうございます」

これも今までの僕なら、そんなヒアリングなんかして相手に怒られたりしないか、不安になっていたと思う。しかし、仲介会社さんの人たちと面談した経験があったので、電話してヒアリングすることにそんなに抵抗がなくなっていた。これは、自分の中では大きな成長だ。

自分も頑張ってるな、と少し自分の進歩を感じて、気分が良くなってきたその瞬間、残念ながら寺井さんから追加でツッコミが入ってしまった。

「あともうひとつ、今回の物件で、お前が見落としている点があるんだよなぁ」

「えっ、レントロールの他にまだありますか？」

「それは**積算評価**だ」

「あっ、積算評価って、金融機関からの評価にかかわるやつ……」

おお……これまたすっかり忘れていた。

積算評価というのは、言ってみれば、**「収益不動産ではなく、資産としてその不動産を売却した場合、いくらの価値があるのか？」という担保評価**のようなものだ。そして、その評価を基に、物件への融資額を決定する金融機関が多いのだ。

「そうだ。今回の物件は、資料に固定資産評価証明書があったよな? その土地の評価額を見てみよう」

「そうすると、約1200万円だな。物件の売り出し価格が2780万円だから、その割合は43%というところか。ちょっと心もとないな」

「そういうものなんですね。これは何%ぐらいだといい条件なんでしょうか?」

「土地の形などにもよるが、ひとつ60~70%を目安にするといいだろう。一般的に、**固定資産税評価額は実際に取引される価格の約70%の金額**と言われている。だから、この基準にしておけば、土地として売れば同じ値段で売れる可能性が高いということで、金融機関もそういう風に評価してくれる可能性があるということだ」

「なるほどですね。ではそれも、物件探しの基準に加えておきます。あっ、ちなみに、土地の評価額だけで、建物の評価額は含めないんですか?」

「築古物件を狙うなら、含めないほうがいい。なぜなら、建物には※**法定耐用年数**というものがあって、それを超えていると担保として評価しない金融機関が多いからだ。木造なら法定耐用年数は22年だが、今回の物件は築27年だからな」

「わかりました。これからは積算評価も気にするようにします。レントロールや積算評価から考えると、今回の物件はやめたほうが良さそうですね」

Aエステートの鈴木さんには悪いが、今回はお断りの連絡をしておこう。

レントロールのチェックと、積算評価。今回学んだことはしっかり次に反映させなくては。

※法定耐用年数とは

年数が経過することで劣化するものについて、何年耐えられるかを示すもの。

不動産においても、土地は年数が経過しても劣化しないため耐用年数はないですが、建物は年数に応じて劣化していくものであるため耐用年数があります。

法令によって、構造別に次の(図表2－4)ように定められています。

図表2－4

構造別法定耐用年数				
軽量鉄骨造(厚さ3mm以下)	木造	鉄骨造(厚さ3mm超 4mm以下)	重量鉄骨造(厚さ4mm超)	鉄筋コンクリート造
19年	22年	27年	34年	47年

「それにしても、物件を選ぶときって、見なきゃいけない項目が本当にたくさんありますね……」

「そうなんだ。初心者だとついつい利回りにばかり目がいきがちだが、高利回りならいい、というものでもない。融資まで使って高い買い物をするわけだから、しっかりとモノを見極めないといけないのさ。他にも、**『再建築不可』といって、今ある建物を壊すと建て替えができない物件**があったり、土地の形が悪いと担保として評価が下がることもある。気をつけなきゃいけない点は多いな」

「ひええ、そんなにチェックしきれるとは思えないです……」

「そんなに心配しなくても大丈夫、だんだんと確認事項をさばけるようになる。まずは最低限、物件の所在地・利回り・積算評価だけ条件を絞って物件を探して、徐々に知識を身につければいい」

「わかりました。めげずに黙々と物件を探していきます」

そうして本日の相談も終了。やっといい物件が見つかった、と浮かれていたが、まだまだ認識が甘かった。そして、これから身につけなきゃいけない知識も多くあるということも痛感したのだった。不動産投資の世界は決して甘くない。それでも、着実に一歩一歩前に進んでいるのも確かだ。

そう思って、また気持ちを新たにする自分。

今日飲んだギムレットは、何だかいつもよりライムがきつめな気がした。

4 運命の出会いは突然に

そんなわけで、やっと見つけた物件も購入に至らず、また物件探しの日々を過ごしていた。くる日もくる日もポータルサイトやメルマガをチェックしていたが、数週間経っても一向に進捗がない状態。少しでも「いいな」と思って資料請求したとしても、すぐに買い手が見つかってしまう、という状況が続いていた。

今は、「一都三県、利回り12%以上、土地の固定資産税評価額が物件価格の60%以上」という条件で物件探しをしているが、これはやはり厳し過ぎるのか……。

いろんな仲介さんに話しを聞いても、「そんないい条件の物件はない」とか、「あったとしても、お客さんにまわす前に業者が買ってしまいます」などと言われることが多い。寺井さんには「まずはその条件で探してみよう。どうしても見つからないときは、また考えればいい」と言われているが、もう考え直すタイミングなのではないか。

そんなことを考えながら、モヤモヤ過ごしていた日曜の夕方。

ウトウトしつつ、明日も仕事かーなんて考えながら、何となく開いたメルマガを見て、僕は一瞬で目が覚めた。

千葉県某市
京成電鉄　C駅　徒歩9分
木造　築28年
利回り13・8％（月収入24万円）
1K（24平米）×8戸（空室3戸）
価格　2080万円
固定資産税評価額（土地）　1480万円

これは目を見張るスペック！

まず利回りはかなりいい。

前回の反省を生かし、レントロールの家賃をチェックしてみた。同条件の【C駅　徒歩10分、間取り1K、広さ20〜25平米、風呂・トイレ別】で検索すると、築古物件の家賃はだいたい3〜3・5万円だった。レントロールの想定が、3万円×8戸＝24万円なので、こちらは問題なさそうだ。

あとで不動産屋にもヒアリングするとして、気になるのはもう1点。土地の固定資産税評価額だ。

しかし、こちらも1480万円÷2080万円＝約71％で、目標の60％を超えている。


これはきた！　ついに見つけた運命の相手だ！

寺井さんの言うとおり、毎日物件を見ていたら、本当にある日突然現れたのだった。

早速、そのメールをくれた仲介会社さんに電話し、資料送付をお願いした。そのときに、興奮のあまり、「ぜひ買いたいです！」とアピールまでしてしまった。きっと僕の熱が伝わったことだろう。

それにしても、物件情報を見て、こんなにワクワクするのは初めてのことだ。なにせ何週間も動きがなく、やっと見つけた物件なのだ。まるで宝探しをしているような気分だ。

明日はちょうど月曜日。寺井さんに最終チェックしてもらい、購入に向けて動きだしたい。

　もしこの物件を買えたら、ついに不動産オーナーの仲間入りか……。家賃収入だけで、毎月10万円以上手元に残るようになるかも……。

　完全に取らぬ狸の皮算用だが、そんな妄想も楽しくて仕方がない。ベッドにもぐった後も、しばらく空想にふけって、なかなか寝つけなかった。

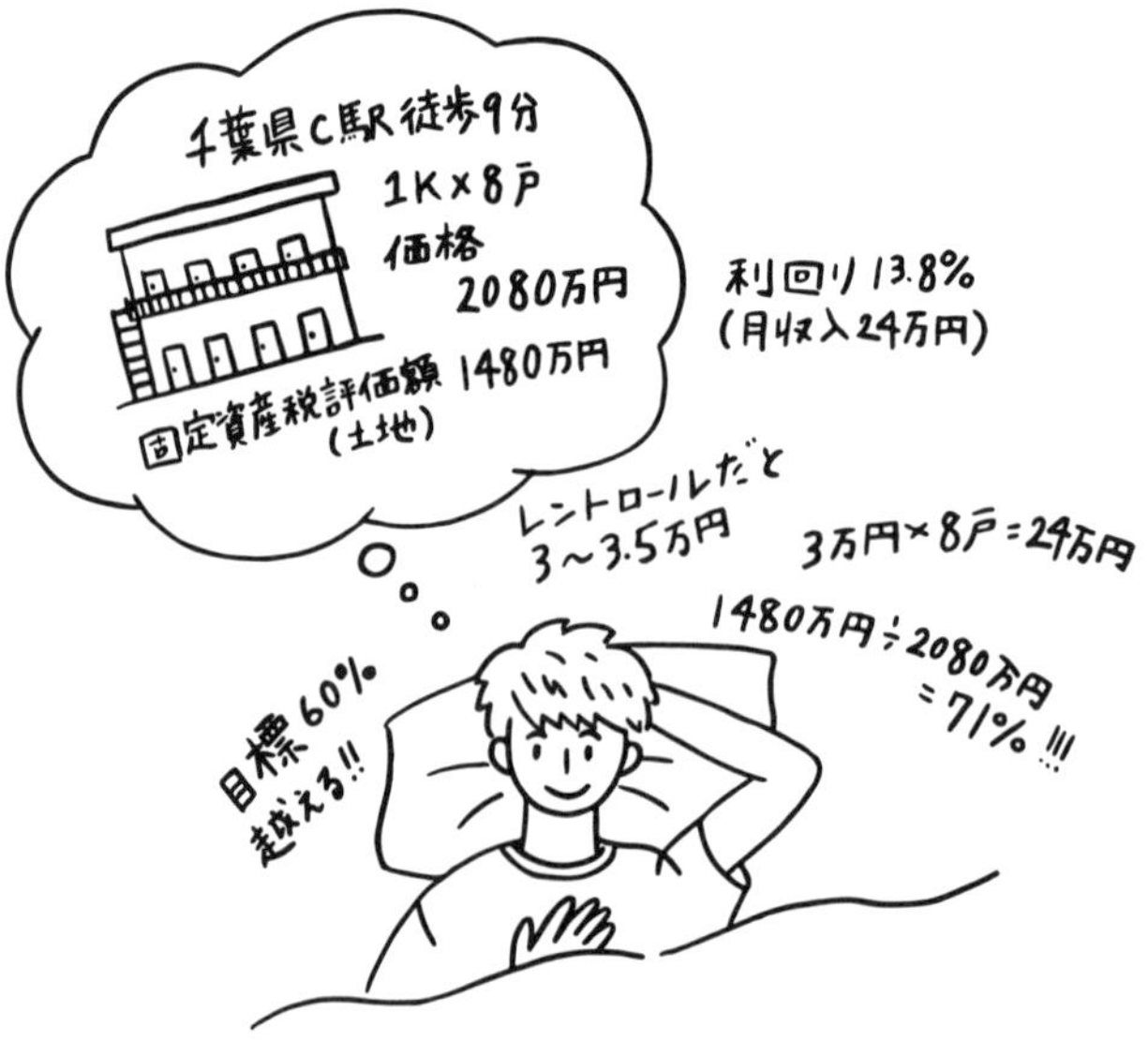

第3章

やっぱり現場が大切！（物件見学編）

1 ついに見つけた運命の相手。でもその素顔は……

さて、運命の物件に出会えたこともあって、今週もワクワクな気分でＢＡＲ Ｔｅｒｒａに向かう自分。

前に物件情報を持って行ったときには、家賃相場や積算評価を見落としていたが、今回はそれらもしっかりクリア。

仕事の合間に物件近くの不動産屋にも3店舗ほど電話し、家賃が適性であることもヒアリングしている。

今度こそ見落としはないはず！　今回は以前よりも大きな自信を持って寺井さんの元へ向かった。

「おお！　確かにこれはいいな」

寺井さんの言葉は、期待どおりのものだった。

「ちゃんと家賃や積算評価もチェックしていて、前回の反省が生かされているな。家賃は賃貸サイトを見るだけでなく、不動産屋にもヒアリングしているならまず大丈夫だろう」

そうそう、そうなんです！　と内心で思いつつ、ニヤニヤを表に出さないように堪える僕。

「ひとまず、物件概要書やレントロールなど、資料の見方は大丈夫そうだな」

どうやら寺井さんのチェックもクリアしたようだ。ついにこの間まで「不動産投資ってなに？」という状態だったのに、我ながらよくここまで成長したものだ。

自分の進歩を感じつつ、次のステップについて確認することにした。

「そしたら、物件の現地確認をして、買付証明書を提出する流れですよね？」

買付証明書とは、**「その不動産を買う意思があります」と売主に対して表明する書面**のこと。

法的拘束力があるものではないが、購入したいと思う物件があれば、買付証明書を提出して、その物件を抑えるようにする必要がある。

ベテラン大家さんだと、物件の見学をする前に買付証明書を出してしまうこともあるようだが、僕はまだ現地の見学をした経験もないので、そこまではできない。

しかし、こんな良い物件はそうそうないので、早く順番を抑えておきたいと思い、平日休みを取って現地確認に行くことにしたのだ。

「そうだな。物件見学よりも先に買付証明書を出すこともあるが、お前はまだやめておいたほうがいいだろう。まだ物件見学って、行ったことなかったよな？」

「はい、まだないですね。明後日に有給を使って物件を見に行く予定です。でも、現地確認って言っても、あくまでも最終チェックという感じで、ここで何か大きく変わったりすることってないですよね？」

何気なく聞いてみたが、少し寺井さんの表情が曇る。以前よりも成長したとはいえ、結局ここでもまた僕のツメの甘さが露呈されることになった。

「いやいや、何を言ってるんだ。現地の確認は重要だぞ。まだ物件を持っていない初心者なら、なおさらだ。ベテラン大家さんなら仲介さんから話を聞いただけでも、ある程度物件の状態はわかるだろうけど、初心者のうちはしっかり自分の目で確認しないと」

「えっ、そういうものなんですか。現地を見たからって利回りや積算評価が変わるとは思えないし……。そこまで物件の購入判断に影響がないかと思ってました……」

「確かに、直接影響ないように思えるよな。でもたとえば、**部屋の設備が想像より古いものだったり、駅までの道に急な坂道があったり、近くに墓地があったりしたら、想定より家賃を下げないといけない**かもしれない。そしたら利回りも下がってくる」

「そうか、なるほど……。確かにそんな可能性もありますよね……」

「そうだ。ある程度のことはインターネット上のマップとかでも調べられるが、周辺の雰囲気とか、やはり現地に行かないとわからないこともある」

「さらに重要なのは、**物件の状態**だな。同じ価格2000万円、利回り12％の物件があったとして、修繕の必要がない物件と、200万円の修繕費がかかる物件じゃ大違いだ。200万円追加でかかったら、実際の利回りは、11％未満になってしまう。他にも土地の形が悪かったり、敷地の中で高低差があったりすると、積算評価が下がることもある」

「正直、修繕費や土地の形は見落としていました。外観の写真はもらっていて問題なさそうに見えたのですが、これだと不十分ということですね……」

やっぱり自分はまだまだ修行が足りないな……。そう思い、少しトーンダウンした僕の様子を見て、寺井さんは優しく微笑みながら解説してくれる。

「写真でもある程度のことはわかるさ。あと**修繕履歴**とかも資料にあれば、それを見ても大まかな判断はできるだろう」

「でもたとえば、建物に傾きがないか、土地に高低差がないかとかは、資料だけだとなかなかわからない。クラック（ひび割れ）の有無、タイルの浮き沈み、雨漏りなんかも写真だけだとわかりづらいしな」

「なるほど。資料をもらっただけでは、物件の良し悪しの最終判断はできないということですね」

「そのとおり。たまに、仲介さんから紹介された物件を、現地も見ずに買う人もいるが、初心者は絶対にやめたほうがいい。確かに、資料の内容や仲介さんからもらえる情報で、物件の状態はある程度わかると思う。でも、**最終的にはしっかり自分の目で確認しないとダメ**だ。投資は自己責任だからな」

いつぞやの、シビアで非常に落ち着いたトーンの寺井さんがまた現れた。しっかり注意しろ、というサインだ。

「はい、わかりました。ちょっと気合い入れ直して、しっかり見に行ってきます！」

「よし、その意気だ。しっかり確認して、物件を見る目を養ってくるんだ」

2 現地で何をチェックする？

そんなわけで、水曜日になり、僕の初物件見学の日を迎えた。

この日の前に、マップを見たり、ストリートビューを見たりして、近隣に何があるかをチェック済み。

僕が見た限りでは、近くに墓地やゴミ工場など、賃料に影響するような施設はなさそうだった。

一方で、徒歩15分圏内に大学があり、そこの学生が入居者ターゲットになりそうだが、近くにはあまり遊べそうな商業施設がないこともわかった。やっぱり学生は遊ぶところがないと住みづらいだろうから、より栄えている隣駅の物件に負けそうだな、という印象だ。

さて、現地で確認すべきことだが、寺井さんによると主に2つ。

❶周辺環境
❷物件の状態

❶については、マップやストリートビューで周辺施設を見ただけでも、**入居者ターゲットのイメージが湧いてきた**。あとは実際に歩いてみて、駅徒歩の時間や坂道の有無をチェックしたり、街の雰囲気を確認しようと思う。

❷については、建物に修繕が必要かどうか、土地の形などに問題がないかをチェックする予定だ。

そんなことを考えているうちに、最寄の京成電鉄C駅に着いた。

東京駅からおよそ1時間ほど。初めて降りた駅だったが、駅の周りにはレジャー施設はないものの、飲食店やスーパーもあり、生活には困らなさそうだ。

仲介の担当者さんとは現地で待ち合わせ。まずは駅から物件まで歩いてみる。

実際に歩いてみると、結構細い道があったり、かなりきつい坂道があったりして、思ったよりも時間がかかる。実際に計測してみると、駅から物件までは僕の足で歩いて12分かかった。表記では徒歩9分となっていたし、実際駅からの距離はそこまで離れていないとはいえ、20代の若者である僕の足でも12分かかってしまうのは、マイナスポイントと見なさざるを得ない。

また、物件までの道は人通りが少なく、昼間でも少しさびしい感じがしたので、女性の方は少し気にするだろう。駅から数分歩くと、商業施設も少なくなり、完全に住宅街の中に入ったが、これはこれで静かな住環境として長所と言えるかもしれない。

さて、そんな分析をしながら歩いていたら、今回のお目当ての物件に到着した。白い外壁と青みがかった屋根が特徴の、爽やかな見た目のアパートだ。

いよいよ物件の確認

「はじめまして、私、B不動産の佐藤といいます。よろしくお願いいたします」

物件の前で名刺交換をしたその人は、佐藤さんという若い男性だった。歳は30歳ぐらいだろうか。端正な顔立ちの男性だ。

「実は私もこの物件を見るのは初めてなんですよ。では早速、見ていきましょう」

そう案内され、まずは建物の周りをぐるっと見てみることに。

最初に土地の形をチェックしてみたが、アパートは前面の道路に沿うように敷地があり、いわゆる**旗竿地**《はたざおち》（道路に接する出入口が細い通路になっている土地）などではなく、きれいな形をしている。

また、見たところ、外壁に大きな**クラック**（ひび割れ）はなさそうだ。だが、何の気なしに外壁を触ってみたところ、粉のようなものが手についた。後から知ったが、これは**チョーキング現象**といって、塗替えが必要なサインらしい。

次にアパートの裏側に行って気になったのは、その粗大ゴミの数。古くて錆びついている自転車や、朽ちた木製の家具のようなものがいくつも落ちている。また、雑草も結構生い茂っているようだ。これは外観写真には写っていなかったな。

「佐藤さん、このゴミはいったい…？」

「ああ、おそらく退去していった元入居者のものですね。オーナーさんはこの物件をお父様から相続されたんですが、賃貸経営にはあまりやる気がないようで、手入れもせず放置しているようです。買われた後にきれいにすれば、入居者の方に喜ばれますよ」

なるほど、中にはマナーの悪い入居者もいるんだな。それにしても、僕がのどから手が出るほど欲しがっている賃貸物件を相続して、それで何もせず放置するオーナーがいるなんて……。何ともうらやましい話である。

ひとまず、そんな感じで外観のチェックが終了。ゴミや雑草で正直印象はあまり良くないが、

そこまで費用がかかるものでもないだろうし、最悪自分で片付けもできるんじゃないだろうか。

ここまでは許容範囲だな、なんて考えていたが、この後におぞましいものを見ることになるとは、このときはまだ知る由もなかった。

「では、次に空室を見ていきましょうか。1階に2部屋、2階に1部屋空室がありますので、まずは1階から」

そう言われて、1階の部屋に足を踏み入れた。空室に入るのは、ひとり暮らしの家探しをしていたとき以来で、何だか懐かしい感じがした。

しかし、そのときと違うのは、部屋の中は修繕がされておらず、壁紙なども大きく剥がれている、ということだ。キッチンの扉も木材が割れているし、床もところどころギシギシいっている。

簡単に言えば、非常にボロい状態だった。うーん、これは素人目に見ても、修繕費がかかりそうだな……。なんて考えていると、ふと、ある「違和感」に気づく。部屋に入ったときには気がつかなかったが、この部屋、何かがおかしい。何だか気持ちが悪い感覚があるが、これって、もしかして……。

「佐藤さん、もしかしてこの部屋って……」

「うーん、この感じは………傾いてますね……」

「やっぱり、そうですよね……」

そう、明らかに**部屋が傾いている**のだ。試しに持ってきたビー玉(傾きチェック用)を置いてみたところ、コロコロコロコロっと勢いよく転がっていった。

うーん、これはさすがに厳しい……。佐藤さんも、「傾きなんて、報告受けていないな……」と困り顔だ。

しかし、驚くのはまだ早かった。

その後に、2階の部屋を見に行ったら、さらに衝撃的なものを目にする事になった。

部屋に入った瞬間、目に映ったのは天井の大きなシミ。そう、**雨漏り**である。

これまた佐藤さんは報告を受けていなかったようで、困った様子だったが、僕としてもショックを隠せなかった。

やっと見つけたお宝物件！　と思っていたが、その正体は「傾きあり、雨漏りあり」の問題物件だったのだ。

傾きや雨漏りなんて、調べたところによると、ちゃんと直そうと思ったら数百万円はかかるようだ。それだけじゃなくて、他の空き部屋も修繕しなくてはいけないし……。とても自分の資金力ではまかなえない。もしかしたら安く直す術《すべ》があるのかもしれないが、今の自分では、そこまではわからなかった。

泣く泣く今回の物件はあきらめることとし、佐藤さんにお断りの旨を伝えた。

佐藤さんも物件の状態が思ったより悪かったからか、非常に申し訳なさそうにしている。

「また良い物件があったら、ご紹介しますので」

そんな佐藤さんの声に、かろうじてお辞儀だけはして、僕は現地を後にした。

3 再スタート。それでもあきらめるな！

そんなわけで、やっと出会えた運命の相手も、その正体は問題ありあり物件だった。

かれこれ物件を探し始めて1ヶ月以上。

毎日物件をチェックしつつも、そんなに目を引くような物件があるわけでもなく、やっと見つけた物件ですら、問題あり物件であったという始末。

不動産投資で夢を叶える決意を固めていた僕であったが、さすがに精神的ダメージが大きかった。どうしても何もする気が起きず、その週末は仲介さんとの面談をすることもなく、家でなんとなく過ごしてしまった。

「そんなもんさ。あんまり気にするな」

週開けた月曜日、寺井さんは優しく話してくれたが、それでも今日はなかなか気分が晴れない。

「だって、1ヶ月以上、くる日もくる日も物件をチェックして、それでやっと見つけた物件だったのに、問題ありありだったなんて。あんまりですよ……。はたして、本当に僕が買えるような物件はこの世に存在するのでしょうか……？」

久しぶりに弱音を吐く自分。そんな僕の様子を見て、寺井さんがふふっと笑いながら、問いかける。

「なあ、ちなみに俺が物件見学をして、買付証明書も提出したとなった場合、その後にその物件を購入できる可能性って何％ぐらいだと思う？」

「……え？　買付証明書まで出してたら、よっぽどのことがなければ購入できますよね……？　だから……80％とかですかね……？」

正直、寺井さんの質問の意図がわからなかったが、この後寺井さんの口から衝撃的な数字が発せられた。

「答えは……高くて10％だ。物件見学をして、買付証明書も提出した後でも、その後ちゃんと物件を買えるのは、たった10回に1回だな」

「ええっ!?　なんでそんなに低いんですか!?」

10回に1回って、野球のバッターの打率よりも低いじゃないかっ！　驚いて思わず食い気味に質問してしまった。

「いろいろ理由はあるよ。買付証明書を提出しても、自分より先に提出して順番を取ってる人がいたり。1番手を取ったとしても、思ったように融資が獲得できないときもあるし、先に融資が決まった人に順番をひっくり返されることもある。せっかく金融機関と交渉して、なんとか融資を受けられそうになった段階で、『全額自己資金で買います』なんて人が現れたこともあるな」

なんということだ……。それなら、買付証明書も出したことのない自分は、全然まだまだではないか。

「で、でも、寺井さんはアパート何棟も持ってますよね？　そんな確率じゃあ、どんどん増やしていけなくないですか？」

当然浮かんだ疑問であったが、答えは至ってシンプルだった。

「だから**何回も何回も買付けを出すのさ。そのために、何件も何件も物件をチェック**する。10％の確率なら、たとえば1ヶ月に1度買付けを出すだけでも、年に1棟は物件を買えるようになるだろう？　俺みたいに10年以上やっていれば、そのペースなら10棟に達するわけさ。もちろん、自己資金に余裕があって、もっといいペースで買付けを出せるなら、もっと早く拡大できるようになるけどな」

なるほど。確かにそう言われてみればそうだ。だからこそ、たとえ**1日10分だったとしても、毎日物件チェックをする習慣を身につけるのが大事**、と寺井さんに教わっていたのだった。

やっぱり自分は、まだまだだ。

「わかりました。弱音を吐いてしまい、すみません……。まだまだ僕は努力が足りないですね。めげずに頑張ります」

「まあでも、買えそうな物件がダメだったときなんかは、確かにヘコむよな。何棟も持っている今の俺でも、そういうことがあると少し落ち込むからさ。お前の気持ちはよくわかるよ。でも、良い物件を買うためには必要なステップだから、決してここであきらめず、次に向かっていこう」

「はい！　引き続き、物件を探していきます！」

うう……。やっぱり寺井さんは優しいなあ。こんな僕のしょうもない愚痴にもつき合ってくれて……。

それにしても、つくづく思うことは、寺井さんはここまで、ずっと泥臭い努力を継続してきた人なんだな、ということだ(普段の爽やかな様子からは、全く想像できないのだが)。そして、仲間の不動産投資家たちも、きっとそうなんだろう。

寺井さんは、「不動産投資のためには何か特別な才能は必要ない」と言っていたし、それは事実だと思う。しかしながら、**努力なくして儲けられるほど、甘くはない世界**なのだ。たゆまぬ努力をできることこそが、夢を叶えるために必要な能力なんだろうな、と考えさせられた。

4 またしても突然な出会い

そんなわけで、僕はまたしても物件探しの日々に戻っていた。

相変わらず、くる日もくる日もポータルサイトやメルマガをチェックする日々。

寺井さんの話を聞いて、やる気が戻ってきたとはいえ、変わり映えのしない単調な作業なだけに、モチベーションが継続するか少し心配になっていた。


ところが、以前から確実に変わった点がひとつある。

それは、資料請求や面談をしていくうちに、いろんな会社さんとつき合いができたおかげで、**だんだんと良い物件の情報が得られるようになった**ことだ。


「一都三県、利回り12％以上、土地の固定資産税評価額が物件価格の60％以上」という以前なら全然該当することがなかった条件でも、最近はメルマガや紹介でそんな物件もチラホラ見かけたりするようになった。

そのおかげで、あの問題あり物件の見学から2週間後、ついに初めて買付証明書を提出することがあったのだ！

その時の物件のスペックは、

神奈川県某市
相鉄線　D駅　徒歩12分
木造　築24年
利回り12・5％
1K×6戸（1部屋空室）
価格　2480万円

という感じ。

またしても、「これは素晴らしい！」と思って、すぐに週末、物件見学に行った。前回同様、外壁の塗装は少しはげていたり、空室の壁紙がはがれていたりと、そこまできれいな状態ではなかったが、傾きや雨漏り、粗大ゴミ等もなく、他に大きな問題はなさそうだった。それに、5室は埋まっているし、家賃相場も問題なかったので、ついにドキドキの初**買付証明書**を提出したのだった。

ちなみに、そのときに書いた買付証明書は図表3だ。

買付証明書の書式は仲介会社さんによっても少し違うようだが、大まかな内容は変わらないらしい。

また、**手付金**（物件購入前に支払う購入金額の一部）をいくらにするかについても、仲介会社の担当者さんと相談をした。一般的には物件価格の5～10％となることが多いようだが、今回は交渉して100万円にしてもらうことができた。

さらに、**融資特約**といって、**予定していた融資が金融機関から不承認となった場合、売買契約を解除することができるという契約上の特約**について、「融資特約あり」という形で記載した。融資を使って物件を購入するなら、これは絶対に記載するよう、以前寺井さんに言われたのだ。

さて、そんな初買付けだったが、残念ながら先に買付けを提出した人が2人もいるらしく、

図表３　買付証明書の記載例

買付証明書

令和　○ 年　　○ 月　　○ 日

売主　　　　　　　　様

住所　東京都大田区○○○○
　　　○○ハイツ３０５

氏名　辻林　希　　　　　　　　　　　　印

私は、下記不動産を、下記の条件にて購入したく、買い付けることを証明いたします。

記

1．物件

物件名	○○ハウス
所　在	神奈川県○○市○○
土　地	120.51　㎡
建　物	120.8　㎡

2．条件

購入価格	金	2480	万円也	（税込）
手付金	金	100	万円也	※購入価格に充当

3．支払方法　・現金　　**・銀行融資**

4．有効期間　本書面の有効期間は　令和　○ 年　○ 月　○ 日　までとします。

5．その他条件

融資特約あり

以上

自分は3番手だった。

3番手だったらもうあきらめるか……とも思ったのだが、そのときの仲介さんに、「1、2番手がダメになって、3番手が買えることもある」と言われ、物件見学をしたその日に書いて提出をしたのだ。

実際のところ、1番手の人は融資が不承認となり購入できます、2番手の人が買っていったらしい。もし2番手の人もコケていたら、自分に順番がまわってきていた、ということだ。

こういうことがあるから、**あきらめず買付けだけでも出しておく価値がある**。

そんな感じで、少しは進歩がありながらも、ポータルサイトやメルマガをチェックして過ごす日々。

初買付けから2週間も経つが、やはり「これ！」という物件はそうそう出てこない。

淡々と毎日が終わっていくが、焦ってはいけない。

寺井さん曰く、「買えないからと焦って妥協して物件を買い、その後に苦労した投資家を何人も見た」とのこと。**買いたくて買いたくて仕方がない、けど物件は見つからない。この**

状況が一番変な物件を掴みやすく、危険な状態なのだ。

だから僕は焦らず、毎日淡々と物件探しを続ける。決して焦らない。焦らないんだけど

……それでも少し、もどかしい。

そんなもやもやした日々を過ごして迎えたある週末の朝、前に物件見学を一緒にしたB不動産の佐藤さんから電話がかかってきた。

非公開物件の紹介

「どうも、おはようございます。今入ったばっかりの情報で、物件概要書もできていない案件なんですが、辻林さんなら融資いけそうな物件で……ご興味ありますか？」

「もちろんです！　ぜひ概要を教えてください！」

おおっ、これは**非公開物件**、つまり一般に公開されていない物件を紹介してもらえたとい

うことだ。

物件が非公開になるには理由がいろいろある。たとえば、先祖代々所有していた土地を売るので、人に知られたくないとか、**そもそも売りやすい物件（良い物件）だから、信頼の置ける人だけに紹介する**という場合もあるようだ。すべてが良い物件とはかぎらないが、やはり公開物件より割安であることが多いらしい。

とはいえ、すぐには飛びつかない。実は、以前にも非公開物件を紹介されたことがあるが、正直スペックはイマイチであった。まずは、しっかり内容を確認しないと。

「わかりました！　では、ひとまず、今ある資料だけ添付して、簡単な概要をメールでお送りしますね」

そう言って、佐藤さんは電話を切った。メールが来るまでドキドキだが、それにしても、なぜ僕に連絡をくれたのだろうか？

確かに、あの物件見学の後も佐藤さんとは、ちょいちょいLINEで連絡を取り合っていたので、関係は良好だったとは思う。でも、他にもっと良い属性のお客さんはいるだろう。本当に良い物件なら、そういう人たちが優先されるはずだが……。
きっと、特段良いスペックなわけではなく、売主の都合で非公開になっているような物件だろう。そう考えて、あんまり期待しないで待っていたところ、ようやくメールが届いた。

「どれどれ……」

見てみると、メールの本文に、住所、物件名、間取り、家賃額が書いてあり、固定資産評価証明書と登記簿謄本が添付されているだけで、利回りすら書いていない。
ひとまず、書かれている情報はこんな感じ。

千葉県某市〇〇町〇〇（京成電鉄　E駅　徒歩12分）
木造　1991年築（築30年）
1K×6戸　2戸空室
埋まっている4部屋の家賃合計　12万円
添付資料：固定資産税評価額（土地）　1230万円

※価格は調整中ですが、１６００〜１７００万円になる予定です！

とのこと。価格も調整中とは、本当に今入ったばかりの情報なんだな。
ひとまず、価格は１７００万円と想定しても、土地の固定資産税評価額は約72％なので、積算評価は良さそうだ。

次に家賃についてだが、まず４部屋合計12万円ということは、各部屋の家賃は３万円ぐらいだろう。現状埋まっている部屋でそれなので、新規で募集したら２・５万円ぐらいまで下がるかもしれない。それで家賃を引き直して計算すると、２・５万円×６部屋×12ヶ月＝年１８０万円、物件価格１７００万円で割ると、利回り10・５％だ。悪くはないが、やはり自分の目標にしている12％には届かなそうだ。

そんなことを考えつつ、念のため賃貸サイトで家賃をチェックしてみることとした。
今回は【Ｅ駅　徒歩15分、間取りワンルーム、１Ｋ、１ＤＫ】で検索。本当は広さや風呂・トイレ別等の情報も入れたいのだが、まだそれらはわからない。

「さあて、一応、家賃安い順に並び替えてみるか」

そんなひとり言を言いつつ、なんとなくサイトを見てみると、家賃3・0万円、3・3万円、3・8万円、4・5万円、5万円、5・5万円……という部屋が並んだ。

えっ？　一番安い部屋でも3・0万円？　しかも、一番安いところは築38年と本物件よりも古いものだ。

正直、予想外の展開だった。てっきり2万円代の部屋ばかり出てくるものだと思っていたのだが……。築30年ほどの物件で絞ってみると、どうやら相場は3〜4万円ぐらいだ。

仮に家賃3万円と想定すると、3万円×6部屋×12ヶ月＝年216万円、物件価格1700万円で割ると、利回り12・7％で、自分の基準の12％を超えてくる。

これがもし、4万円なら、4万円×6部屋×12ヶ月＝年288万円÷1700万円でなんと利回りは16・9％だ！

これはすごい、もしかしたらお宝物件かもしれない！　少なくとも、現地を見に行く価値がありそうだ。

期待せずになんとなく見ていた状況から一転。その場ですぐに佐藤さんに電話。僕も佐藤さんもすぐに動けるという話になって、早速今日のうちに物件見学をすることになった。

今度こそどうか…？

「こんにちは。それでは、また外観から見ていきましょう」

そう言って佐藤さんは、アパートの外周を案内し始めた。

物件の連絡をもらってから、わずか2時間。早く現地を確認したくて、資料確認後、すぐに家を飛び出してきたのだ。

実は、昼から友だちとご飯に行く約束をしていたのだが、申し訳ないがキャンセルさせてもらった。

「大事な用なんだろ？　気にせず行ってこい！」と快く送り出してくれた友だちには感謝しかない。やはり、持つべきものは友だ（ただし、次回は僕が奢ることになった）。

さて、そんなわけで、やってきたアパートの現地。

ここに来る前に駅から歩いたが、前回ほどの坂道もなく、駅徒歩も12分で問題なし。

物件は角地にあり、道路と2面で接している整形地だ。


次に建物の外観。

全体的にベージュっぽい色の建物で、築年数のわりには清潔感があり、きれいな印象だ。

佐藤さんの話によると、2年前に売主が塗装し直したばかりらしい。

裏側にまわってみると、今回は目立った粗大ゴミや残置物はなかった。多少雑草が茂っているが、前回ほどひどくはない。落ちているゴミも少しあるが、手作業で十分拾えそうなものばかりだ。


ここまでは前回と違って、非常に良い印象だ。


……しかし、大事なのはここからだ。室内の様子がどうなのか。

今回も1階と2階に1部屋ずつ空室がある。まずは1階から見てみよう。

「さあ、どうぞ。今回は傾きはないはずですが……」

そう案内され、室内を見渡してみる。

まず気づいたことは、部屋の中が思ったほどひどくないことだ。設備は少し古臭いが、扉が割れていたり、床がギシギシいったりすることもない。

これなら、もしかして、そんなにリフォーム費用はかからないのではないか。佐藤さんも、「表層の工事だけで済みそうですね」と言っている。

そして、前回のトラウマである、傾きについてチェック。ドキドキしながらビー玉を置いてみたが……、よしっ、今度は勢いよく転がるなんてことはなかった！　念のため、スマホのアプリの水平器でも試してみたが、問題なさそうだ。

あとは2階のほうがどうかだが、部屋を見てみて、逆の意味で驚いた。

雨漏りのシミはおろか、汚れた壁紙すらない。もうこのまま住めるんじゃないかと思うほどだ。

「この部屋はね、売主さんが先日リフォームされたみたいですよ。だから辻林さんが購入された後は、クリーニングするだけで良さそうですね」

なんということだ。これはうれしい誤算だった。てっきりひどい箇所がたくさんあり、修繕費用がかかるものだと思っていたのだが……。こんな素敵な対応をしてもらえることもあるのか！

そして、ここまで見て、僕は決心する。

この物件は、絶対に買う。

利回り良し、積算評価良し、現地見て問題なし。

こんな物件、次にいつ出会えるかわからない。

何としてでも、ものにしてやる！

買付証明書
お願いします！
絶対買う!!
利回りOK!!
積算評価OK!!
現地見て問題なし!!

「佐藤さん、この場で買付けを出させてください！」

そう言って、買付証明書をすぐに作成、ハンコを押して、その場で佐藤さんに手渡した。

「おお、**ご決断が早くて素晴らしい**です！　この早さはさすがに1番手ですね」

やった……ついに買付け1番手をゲットできたのだ。

融資の調達とか、この先まだまだやらなきゃいけないことがたくさんあるが、ひとまずかなり進歩したことは間違いない。

それにしても、今回も良い物件の情報は、本当に突然やってきた。常にアンテナを張っておくことが、いかに重要かがよくわかる。

「今日物件見学をしてきました。今回は本当に良い物件でした。絶対にモノにします！」

最後に寺井さんにそうメッセージを送信して、僕は現地をあとにした。

第4章

投資ではなく事業だよ（融資編）

1 今度こそ見つけた運命の相手

「本当に良かったな。今度の物件は、正真正銘、良い物件のようだな」

「はい、今まで腐らずに物件探しをしていた甲斐がありました」

早速、週明けの月曜日に報告に行った僕を、寺井さんはそう言って労ってくれた。まるで自分のことのように喜んでくれたので、なんだか少し恩返しできた気分になった。

「でも、まだまだここからですね。融資の審査が通るかわからないし、現金で買っちゃう人が現れるかも。気は抜けないですね」

そう言うと、さらにうれしそうに寺井さんが微笑んだ。

「お前も成長したな。以前なら、もっと浮かれて気を抜いていただろうに。言うとおりで、まだまだここからが本番だ。気を引き締めていこう」

確かに、以前の自分だったら舞い上がって、まるでもう購入できたかのような気分になっていただろう。

「はいっ!」と元気よく返事しながら、自分の成長を少し感じていた。

「ところで、融資はどこの金融機関を使うつもりなんだ?」

「はい、仲介の担当者さんと相談して、Bファイナンスを使うつもりです。A銀行だと、ちょっと立地的に厳しそうで」

実は、物件見学の後、近くの喫茶店で佐藤さんと融資の作戦会議をしていた。その時に、都心から少し距離があるので、A銀行だと難しい、だからBファイナンスで融資を引いて買いましょう、という結論になったのだ。

「なるほど。あそこは金利が少し高めだが、審査も早いし、何より融資の基準がそこまで厳しくないから、お前みたいな初心者でも使いやすいだろうな。融資の打診は仲介会社さんが間に入ってくれるんだろう？」

「そうです。この間の物件見学の後に、融資の申込書を仲介会社の担当者さんに渡しました。担当者さんの話によると、僕の年収や自己資金なら、『物件価格8～9割の融資は十分可能性があるんじゃないか』ということでした」

価格については、結局1650万円で、ということになったので、8～9割の融資なら融資額1320～1500万円で、自己資金300～500万円ぐらいの計算になる。社会人になって5年間、今までコツコツ貯金していて、本当に良かった……。

「ほう、それはいい条件だな。Bファイナンスは、最近だと最大7割までの融資も多いと聞くけどな。本当に8～9割も融資が出るなら、かなりいい融資内容だろう」

よし、寺井さんのお墨付きをもらえた！　自分みたいな若輩者は、どこであれ融資をしてもらえるだけありがたい、とは思っていたが、実際にBファイナンスで融資を受けるのがいい方法なのかどうか、多少不安だった。背中を押してもらえるのは非常に頼もしい。

……っと、ここまで順調に話を進めていたが、ここで寺井さんから思わぬ言葉を投げかけられた。

「それで、融資打診するのはBファイナンスだけでいいのか？」

「えっと、A銀行は立地の関係で難しいようでして……」

「違う違う、そうじゃない」

うん？　これはどういうことだろう？

「あの、それはどういう……？」

「だから、融資打診するのはBファイナンスだけで、他にはするつもりはないのか？　ということさ。Bファイナンスはあくまでも、仲介会社さんからの紹介で融資打診する金融機関だろう？　他にも金融機関はたくさんあるじゃないか。そこに自分で融資打診をする気はないのかい？」

そうか。てっきり仲介会社さん経由での金融機関しか使っちゃいけないのかと思っていたが、自分でも融資を打診すべきなのか！　そういえば、寺井さんも何回も融資断られたって言ってたっけ。

「そうですね……。見落としてました。融資を仲介会社さん任せにせず、自分でも金融機関に打診してみるべきですよね。どこの金融機関にあたってみるべきなんでしょうか？」

「前にいろんな会社から、この金融機関が使えそうです、って言われたところがあるだろう？まずはそこからじゃないかな」

「なるほど。そうすると、以前いくつかの会社から提案を受けたのは、C公庫ですね」

「よし、そしたらまずはそこからだな。あそこはまずはインターネットから申込みができるはずだから、見てみるといい」

「わかりました」

よし、頑張ってC公庫に融資打診をするぞ！……と思っていたが、それで終わるほど甘くはなかった。

「あとは、ノンバンクや、家の近所の銀行や信金に打診だな。最低、10行。できるならもっと多く」

「ええ、10行！　そんなにですか！」

「そりゃそうさ。**融資なんて、【ダメで当然、取れたらラッキー】なものなんだから、たくさん数打たなきゃダメ**だ。って言っても、全部の金融機関に資料作って、面談をして、ってするわけじゃない。まずは電話で融資の姿勢をヒアリングして、好感触のところだけ申込みをするんだ」

「ああ、良かった……。そのぐらいなら、確かにそこまでの手間じゃないですね。電話できるところにはすべて電話して、シラミ潰しに聞いていくイメージですね」

「そのとおり。それで、結果としてはどこもダメで、Bファイナンスでの融資になるかもしれない。でも、**自分で金融機関を開拓していくことは、今後必ず必要になる**。良い機会だから、ここで本気で取り組んで、どんなものか学んでおくといい」

「わかりました、せっかく良い物件に出会えましたからね。必死になってやってみます」

金融機関の種類

金融機関の開拓を始めた辻林くんですが、金融機関にはどんな種類があるでしょうか？

その種類としては、全国に支店がある都市銀行（メガバンク）、各都道府県にある地方銀行、地域に密着した信用金庫・信用組合、その他に日本政策金融公庫やノンバンクなどがあります。

それぞれに特徴がありますが、融資を受ける難易度の高さは、都市銀行∨地方銀行∨信用金庫・信用組合∨日本政策金融公庫・ノンバンクという順番になります。同時に、金利の低さについても、日本政策金融公庫を除いて、おおむね同じような順番になります。

誰もが知っているような大きな銀行ほど、融資を受けるハードルは高いけど、金利の低い好条件での融資をしてくれるということです。

若くて経験の浅い人でも使いやすいのは、やはり日本政策金融公庫やノンバンクということになります。

2 不動産屋以上の塩対応…

そんなわけで、早速、金融機関へ融資の打診をしてみることとなった。

その前に、A銀行について、本当に融資ができないのか、もう一度B不動産に確認したほうがいいと寺井さんに言われた。

確かに使えるなら、こちらのほうがベターだ。B不動産の佐藤さん曰く、数ヶ月前に同じような立地の物件を打診してみて断られた投資家さんがいて、立地的に厳しいと思っていたとのこと。念のため打診はしてみよう、という話になり、佐藤さんのほうから融資担当者に連絡を取ってもらうこととなった。

「あんまり私は取引実績はないんですが……」と言っていたが、B不動産の別の担当者がつながりがあるようで、なんとかやってみますとのことだった。とりあえず、融資の申込書も佐藤さん経由で提出した。

さて、僕は僕として、やるべきことをこなそう。

まずは、インターネットから融資申込みできる金融機関に、どんどん申込みをしてみた。C公庫はじめ、いくつかの地銀やノンバンクは、インターネットから申込みができる。非常に便利でいい。

あわせて、仕事の休憩時間を使って、近所の金融機関へ電話でヒアリングをしてみた。

「不動産賃貸業向けの融資のご相談をさせていただきたいのですが、ご担当者様はいらっしゃいますか?」という風に聞くと、担当者さんにつないでもらえる。担当者さんにつないでもらったら、自己紹介をして、不動産賃貸業向け融資について、いろいろ聞き出すのだ。

まずは、その**金融機関の融資の姿勢**、特に、サラリーマンなどにも積極的に融資をしているか?

どうか。「地主にしか融資をしていません」と言われれば、それ以上聞いても時間の無駄。別の金融機関にアタックする。

次に、**融資を受けられる人の住所や年収、自己資金**。

「住所が営業エリア外です」と言われればそれまでだし、最低でも年収2000万円、とか言われても、それもアウト。たいていの場合は、ここで話が終わってしまった。

なんとか自分の属性でも可能性があるようだ、となったら、今度は**融資対象となる物件のエリアや価格、築年数**を聞いてみる。

これまたエリアが対象外ならダメだし、中には1億円以上の物件でないと融資しない、という金融機関もあった。また、「融資期間は法定耐用年数まで」と言われれば、築古物件を打診しても意味がないということになる。

ここまで聞いて、今回の物件が当てはまりそうだと思ったら、最後に**金利、融資期間、融資額（物件の金額の何割までが上限か）という融資の条件**を聞く。

以上の内容を聞き取り、自分の投資基準とマッチしていると判断できれば、アポを取って、物件資料とともに面談に向かうというわけだ。

そんな感じで、電話でアタックしていったのだが、最初に電話したのは誰もが知るメガバンクの1つだった。ここは現在給与口座にも設定しているし、学生時代からアルバイトの給料の振込先にも指定している。メガバンクは融資基準が厳しいとは聞いていたが、ひょっとしたら……と思って電話してみたのだが、

「不動産賃貸業の融資ですね。残念ですが、当行では、**基本的に土地をお持ちの方でないと融資をしていません**」

なんともバッサリだった。つまり、地主でないとダメ、ということだ。それでも少しだけ食い下がってみる。

「例外的に、中古物件に融資された実績とかってないですか……？」

「ないことはないですが……。以前から当行で融資を受けていらっしゃった方に限られます。また、その時は何千万円か自己資金を入れて購入されましたので、そういった方でないと、ちょっと……」

ううむ、なるほど。もっとお金持ちになってからじゃないと、融資の土台にも乗らないということだ。やっぱり、メガバンクは厳しいなぁ……。

気を取り直して、他の地銀や信金にも電話してみたが、回答はどこもかなりシブい。

「最低でも、金融資産が2000万円はないと……」

「ご自身で事業をした実績はおありでしょうか？　確定申告書の写しや法人決算書類が、最低3期分は必要になります」

「残念ながら、当行では不動産賃貸業に対する融資は取り扱っておりません」

うーん、やっぱりどこも厳しいな……。寺井さんの話を聞いて、融資を受けるのは甘くはないと思っていたが、正直想像以上だ。不動産屋以上の塩対応をされている……。

しかし、こんなことでめげてはいけない。不動産投資で夢を叶えると決めたのだ。そう言い聞かせて、なんとか自分を奮い立たせながらヒアリングを続けていると、

「不動産賃貸業の融資のご相談ですね。ぜひ一度窓口でお話しお聞かせください」という金融機関が！　自宅最寄りの金融機関、D信用金庫だ。

口座も持っていないし、今まで利用したこともなかったので、正直、期待していなかった。意外なところにチャンスは転がっているものだ。早速、金曜日の午前に、休みを取って面談に行くことにした。

あわせて、インターネットで申し込んでいたC公庫も、申込みの書類が届いたので記入して提出。その後に、来週に面談のアポイントを取りつけた。他のインターネットで申し込んでいた地銀やノンバンクはダメだったので、この2つが面談の対象だ。

さあ、いよいよ融資打診の面談だ！　自分の熱意をしっかりアピールしよう。

その前に、面談に際して必要な資料をしっかりまとめておかなくっちゃな。

そんな風に気合いを入れてみたが、初めての電話相談で予想以上に疲れてしまい、その日は仕事から帰ったらすぐに寝てしまった。明日からは資料の準備、頑張るぞ！

融資打診時に持っていく資料

融資打診時に持っていく資料ですが、主に「個人評価に関する書類」と「物件評価に関する書類」が必要となります。

◆個人評価に関する書類

個人評価に関する書類として必要なものは、自分の収入や資産に関する証明です。具体的には次のようなものがあります。自分がすでに物件を持っている場合は、その登記簿謄本や収支状況がわかるものも必要です。

❶過去3年分の源泉徴収票、確定申告書
❷本人確認書類（運転免許証など）
❸自己資金エビデンス（預金通帳など）

❹プロフィールシート

◆物件評価に関する書類

購入したいその物件の資料を用意します。
仲介会社さんにお願いすれば、用意してもらえます。

❶物件概要書
❷レントロール
❸修繕履歴
❹固定資産評価証明書
❺不動産登記簿謄本
❻建築確認済証（ない場合は、台帳記載事項証明書）

ここで用意するものに加えて、自分で**人口世帯数の推移や近隣の賃料相場を調査し、収支シミュレーションを作成**すると良いでしょう。そうすることで、自分がしっかりと、**事業として不動産賃貸業に取り組むという姿勢**を金融機関にアピールすることができます。

3 まるで就職活動

さて、そんなわけで、金曜日の朝を迎えた。ドキドキの初面談。アパレル系のため職場ではセミフォーマルな格好で過ごしてきたので、久しぶりにパリッとしたスーツを着ての外出だ。

「お世話になります。D信用金庫の田中と申します」

「本日はよろしくお願いいたします。辻林です」

早速、名刺交換を済ませる。田中さんは背が高くてガタイの良い、スポーツマン的な雰囲気の男性だ。年齢は30歳ぐらいだろうか。

まずは、自分のプロフィールシートや源泉徴収票、預金通帳などを提出した。

「へえ！　20代で400万円以上も貯金があってすごいですね。私が独身のころなんて、飲み歩いてて貯金は全然でした」

そう言いながら、豪快にハハハッと笑う。融資の担当者って大金を扱うだろうから、こういう豪快な人のほうが向いているのかもしれない。どんな質問をされるのだろう、と身構えていたので、ひとまず褒められたことは安心材料だ。

「それで、今回は1650万円のアパートを購入希望ですね。希望融資額はおいくらですか？」

「はい！　自己資金が400～500万円ぐらいなので、1500万円ほどお貸しいただけるとありがたいのですが……」

「なるほど。金額がどこまで伸びるか、融資条件がどうなるかは支店内で検討いたします。ちなみに、なぜアパートを購入して不動産賃貸業をしようと思っているんですか？」

「はい！　自分には将来叶えたい夢がありまして、そのために給料以外に手離れのいい収入を作りたいと考えまして、アパート購入をしたいのです」

「……なるほど。よくわかりました」

一瞬、田中さんの表情が曇った気がした。気のせいだろうか。

あまり気にしないようにして、今度は自分が用意してきた書類を見てもらうことにした。

「それで、こちらの資料はすごいですね！　周囲環境の調査と、収支シミュレーションですか。物件近くには商業施設が結構あるんですね。また、工場や病院が近くにあるので、確かに賃貸需要が見込めそうです」

これは良かった、事前に資料を作っていた甲斐があった。物件の周りをマップで見てみて、**利便性の高い施設（商業施設や公共施設）や賃借人がいそうな施設（工場、病院、学校など）**は事前に調べ、資料としてまとめておいたのだ。

その後も、どうやって自己資金を貯めたのか、また、この物件以降も不動産を増やしていきたいのか、などなど、たくさんの質問を受けた。

受け答えするのはそれなりに大変だったが、それでも自分の熱意や計画性についてはアピールできたかなと思う。

「では、これらの資料を確認し、支店内で検討しまして、またご連絡いたしますね」

「はい、よろしくお願いいたします。本日はありがとうございました」

そう言って、D信用金庫を後にしたが、外に出た瞬間、どっと疲れを感じた。

自分ではそこまで緊張していないつもりだったが、無意識に気を張っていたようだ。午後から出社したが、あまり仕事にならず、残業もそこそこに早く帰って寝ることにした。


週明けて、またBAR Terraへ。

ひとまず、片っ端から金融機関へ電話したことと、信金での面談を終えたことを寺井さんへ報告。お疲れさん、と労いながら、いつものギムレットを出してくれた。

「いやー、面談は本当に疲れました。就職活動を思い出しましたよ」

「確かに、金融機関との面談って、まさに就活みたいな感じだよな。俺も最初は上手く話せなかったし」

「そういえば、一点、気になることがありました」

「ほう、どんなことだ？」

「はい。どうしてアパートを買いたいのか？　って聞かれたので、将来叶えたい夢があって、そのために手離れのいい収入を作りたい、と答えたんですが、ちょっと反応がよくなかったような気がしました。気のせいかもしれませんが……」

「……なるほどな。その答えはちょっと安易だったかもしれないな」

安易。うーん、どういうことだろう……。そんな僕の心境を察して、寺井さんが続ける。

「それこそ、就職活動で、『給与収入を得ることが志望理由です！』と言われても採用にはならないだろう？　会社に入ってこんなキャリアを描きたいとか、こんな社会貢献がしたいとか、そういう理由が必要なはずだ」

「あ、そうか……」

確かに、その視点は漏れていた。

「まあ、すべての金融機関がそういう姿勢ってわけではないけどさ、やっぱりその人の**事業に対する心構え**みたいなものを知りたいんだよ。お前には将来夢があって、それを叶えるのに必要なことがアパート経営を通じて学べるんだろう？　だったら、自分のキャリア形成として、それをもっとアピールしたほうがいい」

「それに、不動産投資とは大家業で、**良好な居住空間を提供する**、という仕事だ。当然、**社会貢献性のある仕事**なわけだ。どうしたら、その物件がもっと良くなるかとか、どうしたらもっと入居者の人に喜ばれるかとかを考えて、アピールするといいかもな」

「なるほど、わかりました。確かに、ただ副収入が欲しい、というのではなくて、自分の目標や入居者さんの生活をより良くすることを考えてみたいと思います。今週はC公庫との面談があるので、さっそくやってみます」

「うん、いいと思う。特にC公庫は【事業へ融資する】という姿勢が強いところだ。**間違っても『副業や投資が目的です』なんて言ってはいけない**。それに、その事業にどんな社会貢献性があるのか、そういう点を重視する。その辺をしっかり意識するように」

「はい！　ありがとうございます。C公庫の融資書類には、不動産【投資】という文言は使わず、不動産【賃貸業】と書くようにと、本で読んだので、そのようにしていました。でも、面談に向けて、もっと深く事業として考えてみたいと思います」

「うん、その調子！　また報告を楽しみにしているよ」

2 行目の面談

そんなわけで、いよいよ迎えたC公庫との面談の日。

今日も体に馴染まない、パリッとしたスーツを着ての面談だ。

「はじめまして。C公庫の吉田と申します」

そう透き通った声で挨拶をしたのは、背が高いロングヘアーの女性。きれいな人だったので、思わずドキッとしてしまった。早速名刺交換を済ませ、通帳や作成した資料を提出する。

「資料のご用意ありがとうございます。しっかり作っていらっしゃるので、こちらとしては審査がしやすくて助かります」

「それにしても、そんなにお若いのに、どうして不動産賃貸業をしようとお考えになったんですか？」

おし、早速待っていた質問がきた！　心の中で気合いを入れる。

「はい。不動産賃貸業をすることで収入を得ることはもちろん、それだけではなく、経営というものを学びたいと思っています。将来、自分でやりたい事業があるので、会社員をしながら事業経営を学ぶことができるのはとても魅力的です」

「また、今ある物件をしっかり管理して、入居者さんにとってさらに住み良い環境を提供したいと考えました。たとえば、今はそこまで清掃が行き届いていなくて、多少ゴミや雑草がありますので、私が大家となった後は定期的に清掃を入れたいと考えています」

「他にも、防犯の面は気になると思うので、モニター付インターフォンの設置も検討しています」

「なるほど。お若いのにしっかりしたお考えを持っていてすばらしいですね！　そんな大家さんなら、住む人も安心ですね」

ちょっとしゃべりすぎた気もしたが、どうやらかなり好感触を持ってくれたようだ。

その後も多少運営の方法について質問を受けたが、面談自体は結構あっさりで、20分程度で終了した。物件関連の資料がしっかりまとまっており、これを見れば全部わかるので、面談はそこまで必要ない、ということのようだ。

少し拍子抜けしたが、これも資料をしっかり作った成果だろう。

そんなわけで、無事に人生2回目の金融機関との面談も終了した。

前回ほどは緊張もしなかったし、好感触で終わった印象だ。

それにしても、インターネットや電話でアプローチして、資料を作って、面談で自分のやる気をアピールして……。本当にこれはまるで、**就職活動**だ。

あの時も1社目の面談はガチガチだったけど、回数をこなしていくうちに、しっかり受け答えができるようになっていったんだよなぁ。

就職活動も毎日忙しくて大変だったが、今は社会人として働きながら動いているのでなおさらだ。正直、体力的にはかなりきつい。それでも、何かに一生懸命になる充実感は、非常に心地の良いものだった。

4　こんな自分でも貸してくれるなんて！

そうして2つの金融機関との面談が終わり、あとは結果を待つだけだ。

と言っても、その2つに関しては「ダメで元々、融資獲得できたらラッキー」という感じである。あくまでも本命は、B不動産の佐藤さんづてで融資を打診しているBファイナンスだ。

そんなわけで、一度やることも落ち着いたなーと感じていた時に、佐藤さんから着信がきた。

「もしもし、辻林です」

「あっ、辻林さん。大変です！」

「えっ、どうかしました⁉」

「融資打診していたBファイナンスですが、融資金額が思ったより伸びなくて、物件価格7割の1150万円が最大になりそうです！　そうなると……やっぱり厳しいですよね？」

えぇぇぇ！　8～9割いけるんじゃなかったの⁉
その条件だと、物件価格（1650万円）と諸費用を考えると、600万円以上の自己資金が必要になるが、とてもじゃないがそんな金額は用意できない……。

「そんな……。せめてその分、物件価格を下げてもらったりはできないでしょうか？」

ワラにもすがる思いで聞いてみたが……。

「それがですね、さらに悪いことに『現金で買ってもいい』って言う人が現れたみたいなんですよ……。ただ、その人は今の価格より150万円安い、1500万円が希望のようでして、売主さんもまだ決めかねているようです」

「そうですか……。そうすると状況はかなり厳しいですね。私が融資打診している2つの金融機関も、正直、どこまで期待できるかわからないですし……」

はあ、っと思わずため息をついてしまった。せっかくここまできたけれど、また1から探すようになりそうだ。今回こそはと思っていたが、まだまだ努力が足りないということだろう。

内心でそんな覚悟を決めていたが、そのタイミングで、佐藤さんが今までよりもキリッとした口調で話を切り出した。

「いや、実はまだ少しだけ希望があります。私から聞いていたA銀行ですが、もしかしたら可能性があるかもしれません。普段つき合いがないので詳細は教えてもらえませんでしたが、とにかく一度面談したいと。今週A銀行の東京支店に行けたりしますか?」

「え！　あ、はい！　それはもちろん。すぐに行きます」

これはうれしい誤算だ。とは言っても、もともと立地的に厳しいという話だったので、あまり期待し過ぎないほうがいいだろう。

だがしかし、どうせ一度ダメだと覚悟したんだ。ダメでもともと、最後に勝負してやろう！

佐藤さんからA銀行の担当者さんの連絡先を聞き、面談のアポイントを取り付けることにした。正直、急な休みは取りづらかったので、親せきに不幸があったことにしてしまった（故郷の叔父さん、ごめんなさい）。急いで物件資料もまた用意をし、最後の面談に臨むこととなった。

ラストチャンス！ 3行目の面談

「はじめまして。A銀行の高橋と申します」

「本日はよろしくお願いいたします。辻林です」

さて、まずはいつものように名刺交換。パリッとしたスーツも、3度目ともなるとさすがに体に馴染んでくる。

高橋さんと名乗ったその方は、僕よりひと回りぐらい年上で、メガネが印象的な知的な雰囲気の男性だ。

「佐藤さんのほうからお話しはお聞きしています。今回1650万円のアパートを購入希望ということですね。資料のほうも、ご持参いただき、ありがとうございます」

いつものように、源泉徴収票や通帳を渡し、次に自分が作った物件調査の資料を渡した。

「うん、これだけ資料があれば審査もしやすいです。それでは、いくつかお聞きしてもよろしいですか？」

そう言うと、高橋さんはいくつか質問をしてきた。

どうして不動産投資をしたいのか、どうやってこの物件を安定経営していくつもりなのか、など

など。

「これがラストチャンスだ」という思いがあった僕は、すべての質問に熱を込めて答えていった。収入を得ることだけでなく、経営自体を学んでいきたいこと。入居者さんに、良好な住環境を提供したいという思い……。3度目にして、**明らかに今までよりも滑らかに話せるようになっている**。やはり、ここまでの経験は無駄ではなかったのだ。

さらに、途中で僕と高橋さんの出身地が近いことが判明して、地元の話で大いに盛り上がった。フランクな話もできたことで、すごく距離が縮まったと思う。

「いやあ、本日はありがとうございました。久しぶりに地元の話ができて楽しかったですよ」

そう言いながら、高橋さんは爽やかな笑みを浮かべている。今日最初に会った時よりも、ずっと温和な印象だ。

「こちらこそです！　それでは、またご連絡をお待ちしております」

そう挨拶をして、A銀行の東京支店を後にした。

資料もしっかり作ったし、受け答えもしっかりできた。これで自分にできることはやり切ったと言える。そんなに期待はできないかもしれない。だが、もうこれでダメになったとしても、後悔はないだろう。

今回の努力は無駄になってしまうかもしれない。それでも、サラリーマンだけをしていた時には感じたことがなかったような、すがすがしい充実感があったことだけは、間違いなかった。

融資打診の結果について

A銀行との面談を終えた翌日、仕事の昼休みの最中に、今度はD信用金庫の田中さんから電話がかかってきた。スポーツマンらしく、電話口でもハキハキとした口調だ。早速、融資打診の回答だった。

「もしもし、辻林さん。支店内でも検討したんですが、今回はちょっとご融資が難しそうです。この間のお話しだと、不動産賃貸業というよりは投資的な内容ではないか、という指摘が上席からありまして。あと、おつき合いも今までなかったものですから……」

うーん、やっぱり厳しいか……。

「ですが、事業としてご検討いただき、かつ、もう少し少額でしたらご融資の可能性はございます。なので、たとえば物件のリフォーム費用ですとか、あとは安い戸建ての購入ですと、ご協力できるかもしれません。そういった際には、ぜひご相談ください！」

「わかりました。今回は、初めての取引にしては金額が大きすぎてダメだけど、少額ならできるかも、ということですね」

「そういうことです！　個人的には、辻林さんみたいにお若い方のお力になりたいと思っているんで、ぜひまたご相談を！」

「はい、よろしくお願いいたします！」と答えて電話を切った。

やはり、何のつき合いもない若輩者の僕に、いきなりアパート1棟分の融資は厳しかったようだ。しかし、今回得られた回答結果は、今後の購入活動に大いに役立ちそうなので、十分収穫ありと言える。

とはいえ、今回の物件に限って言えば、進展はなしだ。


さらにその2日後には、今度はC公庫の吉田さんから電話が。電話口の声も、実に透き通っていてきれいである。

電話の内容としては、まだ審査中ではあるが、なんと融資自体はできそうとのこと！

ただし、融資期間は最長で10年になる予定で、融資額や金利については、後日審査が終わり次第伝えてくれるようだ。


融資自体はできそう、ということで、これはかなり大きな進歩だ！

しかしながら、10年で返済となると、たとえば融資額1500万円・金利2％だと仮定すると、月の返済額は約13・8万円になる。満額家賃を18万円と仮定すると、ローンの返済比率(返済÷満額家賃)は70％を超えてしまうので、さすがにそれでは運営が成り立たない。

うーん、こちらもかなり厳しそうだ。

やっぱり、自分のような若輩者がいきなりアパートを買うのは、現実的ではなかったのか。今回D信用金庫に言われたように、もしかしたら一棟目は戸建てをメインに探していくのが良いかもしれない。

自分の目標からは少し離れてしまうが、融資の目処も立つし、何より価格が小さいから始めやすいかも……。

そんな風に考え始め、さあ戦略を見直そうか、と気持ちを新たにした時だった。

突然、今度はB不動産の佐藤さんから着信がきた。

そして、次の瞬間、僕の頭はかつてないほど真っ白になった。

「辻林さん、やりましたね！　A銀行で融資の承認が出ましたよ！」

第5章

さぁ夢への第一歩！（物件購入編）

1 融資も決まってひと安心。かと思いきや…

なんと！　まるで夢のようだ。
あきらめかけていた土壇場で、A銀行の融資の承諾を得ることができたのだ。

しかも条件も素晴らしく、

融資額1500万円
期間　20年
金利　2・5％

という内容。必要な自己資金は250〜350万円ほど。これで自分の自己資金でも、十分購入ができる。
月の返済額は約8万円になる予定で、満室時の満額家賃を18万円と手堅く想定しても、

返済比率は50％を下回る予定だ。

まさか最後にこんな大逆転が待っているなんて。すでにあきらめていただけに、喜びも倍増だ。

ここまで頑張ってきて、本当に良かった……。

佐藤さんも、本当におめでとうございます、と祝福してくれている。

この人の頑張りなくしては、絶対にここまでこられなかった。僕は精一杯のありがとうを伝え、電話を切った。

かつて体験したことがないような充実感。しばらく酔いしれていたい気分だったが、このことを真っ先に伝えなくてはいけない人がいる……！　早速電話を入れ、その後にいつもの場所に向かうことにした。

「良かったな、本当に!!　まるで自分のことのようにうれしいよ」

1週間ぶりに来たＢＡＲ Ｔｅｒｒａで、寺井さんもそう祝ってくれた。この人にやっと、やっと良い報告ができたのだ。僕としては物件が買えたことと同じぐらい、それは喜ばしいことだ。

「ありがとうございます。何度も心が折れそうになったんですが、その度に寺井さんが激励してくれたので……。本当に感謝しています」

これはまさしく本心だ。寺井さんがいなかったら、絶対にここまで来られなかった。いや、そもそも不動産投資に出会うことすらなかったのだ。本当に感謝してもしきれない。そんなことを思うと、ついつい涙ぐんでしまいそうになる。潤んだ目が寺井さんにバレたら恥ずかしいので、少し下を向いていた。

ところが、次に寺井さんの発した言葉によって、ビックリ仰天。潤んだ目も一瞬で乾いてしまった。

「まあ、でも、まだ購入が確定したわけじゃないからな。俺も売買契約の前日にキャンセル

売買契約前日に
キャンセルに
なったこと
あるし
えっ!!!
そんなことあるの?!

になったことがあるし」

「ちょ、ちょっと待ってください！　そんなことってあるんですか⁉」

「ああ、そんなに件数は多くないけどな。俺の場合は、売主さんの親族が売却に猛反対したとかで、契約の前日に破断になったよ」

なんてこった。それなら、まだまだ油断できないじゃないか‼　やっと落ち着けると思ったんだが……。

僕が明らかにうろたえるのを見て、寺井さんは少し焦ったようで、フォローをしてくれた。

「ごめんごめん、脅かせるつもりはなかったんだ。

そんなに頻繁なことじゃないから、そこまで心配しなくていい。ただ、**実際に物件購入まで気は抜けない**、と言いたかっただけなんだ」

それを聞いて、少しホッとした。それにしても、かわいそうな話だ。今の自分が契約前日にキャンセルなんかになったら、ショックで数日寝込んでしまうだろう。

「しかも、本当はもっと早く契約する予定だったのに、自分の仕事の都合で数日遅くなったんだよ。それがなくてもっと早く契約していれば、もしかしたら物件が買えたかも……なんて思ったりして、さすがにしんどかったな。だから、売買契約だけでも早めにできるといいかもな」

「わかりました。仲介会社さんに相談してみます」

こんなこともあるのだ。やっぱり、不動産投資は奥が深い。

何はともあれ、契約さえしっかりできれば、後はゆっくり物件購入まで待つばかり。

いよいよ大家デビューが決まるとあって、僕はワクワクを抑えられなかった。

「ちなみに、決済をして物件購入（所有権移転）をするのはいつの予定なんだ？」

「はい、来月の中旬の予定です」

「そうか、そうするとちょうど1ヶ月後くらいか。それだとかなり忙しいな……。覚悟したほうがいいぞ（笑）」

「えっ、そうなんですか。物件購入さえ決まれば、そんなにやることはないと思っていましたが……」

「いやいや、そんなことはない。まずは**売買契約**をするだろ。それから、**管理会社さんを決める、火災保険に入る、銀行と金消契約をする……**。やらなきゃいけないことが目白押しだ」

「ええ！　そうか、そんなにあるんだ……」

購入さえ決まったら、少しはゆっくりできると思ったんだが……。どうやらそうもいかないようだ。

「購入が決まってうれしくなる気持ちはよくわかるが、まだ油断しちゃいけない。件数は多くないにせよ、さっき言ったみたいに契約直前にダメになることもあるし、やらなきゃいけないこともたくさんあるからな」

「とはいえ、ここまできたらゴールまでは後少しだ！　油断せず最後まで頑張れよ！」

「わかりました。まだまだ気を抜かずに、ゴールまで走り抜きます！」

2 すべきことは意外と多い

さて、物件購入までのたった1ヶ月の間に、やることは山のようにあることがわかった。

ここで一度、その内容をしっかり確認しておこう。

まとめ 物件購入までにやること

❶売買契約を結ぶ
❷管理業務委託契約を結ぶ
❸火災保険に申し込む
❹金銭消費賃借契約を結ぶ
❺所有権移転登記

まずは❶売買契約について、寺井さんからの忠告もあって急ぎたいと思っていたところ、今回は人気のありそうな物件ですし、念のため早めに来週どこかでやりましょう、と佐藤さんのほうから提案してくれた。この時に、あわせて**手付金**(今回は100万円)を売主さんに渡すことになる。また、契約の数日前に、判を押す前の契約書類がメールで届いて、その内容を事前に自分でもチェックすることになっている。

❷管理会社さん選びについて、通常**管理会社さんを変更する場合は、数ヶ月必要だそうだ**。今回は物件購入まで1ヶ月程度なので、売主さんが管理を依頼していた会社に任せることにした。管理がイマイチだった場合は、その後に管理会社さんを変更することもできる、と寺井さんが教えてくれたので、少し様子を見てみよう。

❸火災保険については、寺井さんがいつもお世話になっている保険代理店さんがあるようで、そちらにお願いすることにした。**火災保険は同じ商品、同じ内容であれば、基本的に代理店によって保険料が変わることはない**。そのため、特別割安だったりするわけではないが、不動産賃貸業に精通している代理店さんなので、適した提案をしてくれるようだ。

そして、❹金銭消費貸借契約。これは**ローンの借入れの時に、金融機関と結ぶ契約のこと**。こちらについては、物件購入日（融資実行の日）の1週間前に、A銀行の東京支店で契約を実施することとなった。

最後に、❺所有権移転登記。不動産の所有者に変更があった場合、法務局で**所有権移転登記を行う**ことになるのだが、通常の場合は司法書士に依頼する。今回は、仲介会社さんであるB不動産さんが司法書士の先生を手配してくれた。

以上が物件購入までに実施することとなんだが、こうやって見ると本当にすべきことが多い。さらに、物件によってはガス会社やインターネットのプロバイダーとの契約が必要になることもあるらしい。

売買契約に始まり、管理会社さんの検討や火災保険の加入、金消契約。物件購入まで1ヶ月しかないと、毎週のように契約を交わすことになる。とはいえ、ハンコを押す前に目をとおさないわけにもいかず、もう当分契約書類は見たくない……となるまで契約書を読み込んだ。寺井さんが、「かなり忙しいから覚悟しろ」と言った意味が良くわかる……。

それでも、売却キャンセルなどのトラブルもなく手続が進み、無事に物件購入の日を迎えることができたのだ。

物件購入の当日、A銀行の東京支店で決済をするのだが、自分の口座に融資額である1500万円が入金され、その後に売主さんの口座に振込みがされる。自分の通帳に1500万円という数字が記載されているのを見て、本当に不動産という高額なものを購入したんだな、という実感が湧いた。

その決済をしている間、着金を待つ時間がかなりあったので、最後にずっと疑問に思っていたことを佐藤さんに聞いてみた。

「佐藤さん、それにしても、なぜ今回のような良い物件を僕に紹介してくれたんですか？他にも買えそうな、お金持ちのお客さんはたくさんいると思うんですが……？」

すると、佐藤さんは、「よくぞ聞いてくれた」と言わんばかりに、ふふっと笑いながら答えてくれた。

「それはね、なぜかというと、辻林さんのことを応援したくなったからなんですよ。あなたみたいに、**夢ある若者に不動産を買ってもらうのが楽しい**んです」

「えっ!! それはとてもうれしいですが、ビジネスとして、それでもいいんですか？」

要らぬ心配をしてしまう僕。だが佐藤さんの返しは非常にクールだった。

「将来、何棟も所有するオーナーになってくれれば大丈夫です。先行投資ですよ」

さらにその後に佐藤さんに言われたひと言が、なんだかむずがゆいような、照れ臭いような感じがして、ずっと心に残っている。

「これからもぜひ末永いおつき合いを。辻林オーナー・・・」

3 こんな自分でも不動産投資家（大家）になれた

こうして、無事に物件購入ができ、僕は遂に念願の「**大家デビュー**」をすることができた。空室を埋めたり、共用部の清掃をしてくれる人を探したりと、これからしなくてはいけないこともたくさんあるが、ひとまず不動産投資家としてスタートを切ることができたのだ。

去年までの、「毎日仕事が終われば即帰宅、たまに週末に友達と遊びに行くことが生きがいだった自分」からすると、翌年にアパートの大家になっているなんて、とてもじゃないが信じられない。

年収が抜群に多いわけでもなく、特別優秀な人材だったわけでもない。それでも、師匠に学び、**毎日コツコツ行動することで、たった数ヶ月でここまで来ることができた**のだ。

こんな達成感は、サラリーマンの仕事の中では味わったことがなかった。自分の人生で見返してみても、学生時代好きだった彼女に告白して、成功したとき以来の喜びだろう。

思えばあのころから、自分は優しいお兄さんに支えられていた。

学生時代、勇気を振り絞って、同じサークルのあこがれの女の子を映画デートに誘ったものの、当時の僕は全くおしゃれに関心がなく、デートに着ていけるような服を持っていなかった。

そのときに、これまた勇気を出して飛び込んだアパレルショップのお兄さんが、長い時間をかけて丁寧に丁寧に、全身コーディネートをしてくれたのだ。全身ファストファッションの出で立ちで、学生で予算も少ないこんな僕のために、こんな素晴らしい対応をしてくれるなんて……。

そのことに僕は深く感動した。そして、お兄さんお墨付きのコーディネートのおかげで、その翌日に告白する勇気をもらえたのだ。

今思い出しても甘酸っぱい出来事だが、この時の経験からアパレル業界に興味を持ち、今の会社に入社するに至ったのだ。

昨今、アパレル業界でもネット販売が主流になり、さびしいことに、実店舗がどんどん閉店に追い込まれている。しかし、やっぱり店舗で実物を見て、販売員さんからの説明を受けながら、お気に入りの服を選んだほうが、自分のコーディネートに自信を持てるはずだ。

そして、もうひとつ僕が個人的に課題に思っていることは、かつての僕のような地味系男子からすると、アパレルショップは少し敷居が高いこと。店員さんに、「かっこうがダサい」と思われるんじゃないか……という無駄な心配をして、店に入るのに躊躇ってしまう。

だから僕は、「おしゃれに自信がない、これからおしゃれをしたい人」に向けた、誰でも入りやすい富雰囲気のショップを作りたい。あのとき助けてくれたお兄さんに、今度は自分がなりたい。そしてそんなお店をどんどん増やしていきたい。そうすることで、かつての僕のように、一歩踏み出す自信を得られる人が増えていけば、こんなに素敵なことはないだろう。

そのためにも、不動産投資だけで生活できるぐらい副収入をしっかり作って、どうしても独立に向けて進めていきたいのだ。そして、不動産賃貸業を通して、事業をするということ、経営をするということはどういうことなのか、それをしっかり学んでいくつもりだ。

まだアパートを一棟買ったばかりで、不動産投資家としてはまだまだひよっこだ。それでも、**目標までの道筋は以前よりもはっきり見えている**。去年までの、なんとなく貯金だけをしていた自分とは、何もかもが違う。ぼんやりしていた自分の将来を、自分でデザインでき

るようになったのだ、

だからこそ、最後に声を大にして言いたい。

「不動産投資をはじめて、人生変わりました！」と。

エピローグ〜「BAR Terra」は実在した〜

「本日はたくさんの方にご参加いただき、誠にありがとうございます。ぜひ皆さん、この場で交流して、不動産投資家の仲間を作ってください」

そう代表者の人が挨拶をして、勉強会が始まった。

今日僕は、人生で初めて不動産投資家のコミュニティ「大家の会」にやって来た。

ついに大家デビューできたお祝いとして、数日前に寺井さんが食事に連れて行ってくれた。そのときに、そろそろ不動産投資家仲間を作ったほうがいいと言われて、今回勉強会に参加してみることにしたのだ。

「それでは講義に入る前に、お隣の方と自己紹介してください。ご自分の名前と投資歴を話してみましょう」

そんな案内があったので、隣の若い男性と話してみることにした。

「はじめまして、辻林といいます。今27歳でして、最近不動産を1つ買ったばかりで、今は2棟目の購入に向けて動いています。よろしくお願いいします」

「はじめまして、私は渡辺といいます。今29歳なので、同じ20代ですね。不動産は4つ持っています。こちらこそ、よろしくお願いいたします」

「ええ！　すでに4つってすごいですね！」

「いえいえ、4つっていっても全部戸建てなので、投資額はそこまで大きくないです。辻林さんはアパート持ってらっしゃるんですね。僕も早く一棟物を買いたいなあ」

そんな風に盛り上がって話していたら、さらに奥にいた女性の方に話しかけられた。

「こんにちは。島田っていいます。年齢は28歳なので、ちょうど辻林さんと渡辺さんの間ですね。私も最近アパート1つ買ったばかりです。同世代なんで、ぜひ仲良くしてください」

そんな感じで年齢が近いこともあって、僕ら3人はすぐに打ち解けた。

実生活では不動産投資家なんて全く出会うことがないのに、コミュニティではこんな簡単に、しかも同世代の投資家に出会えるなんて。早速来て良かった、と感じていた。

さらに、勉強会が終わった後の懇親会では、少し年齢が上の30代の先輩方とも交流ができた。僕がA銀行の融資でアパートを買ったことを告げると、「じゃあ次はBファイナンスを使ったほうがいい」とか「築古戸建てを現金買いしてもいい」などの提案をたくさんもらうことができた。

しかも、「そのためにはあそこの仲介会社を使うといい」とか、「あのエリアなら割安な物件が出やすい」といった細かな情報まで聞くことができた。

正直言って、メンバー一人ひとりの知識や経験がここまで深いとは思っておらず、かなり面食らっていた。

そして、ここで、僕は寺井さんのある言葉を思い

出した。

「**成功している人の方法を真似れば、自分も成功しやすい**。俺も先輩大家さんたちから学んだことをそのまま実行したし、他の仲間たちもそうだった」

なるほど。確かにこんな先輩が周りにいれば、間違いなく夢を叶えることができるだろう。このときの言葉の意味が、今回ハッキリわかった気がする。

つまり、**僕にとってのＢＡＲ Ｔｅｒｒａが、「大家の会」だった**のだ。

僕はＢＡＲ Ｔｅｒｒａで、寺井さんという大先輩から不動産投資を学び、あそこだけが不動産投資と自分との接点だった。しかし、他の人はそれをこういった大家の会やコミュニティで実現していたというわけだ。

今後はＢＡＲ Ｔｅｒｒａだけじゃなく、この会でも不動産投資の話が思う存分できる。

そう思うとワクワクしたし、同世代の仲間たちとは、ぜひ今後も高め合っていきたいと思った。

最後に、寺井さんの言葉をもう一つ思い出した。

「俺と同じタイミングで始めた投資家仲間は、みんな同じぐらい収入を得ていて、サラリーマンを辞めたりしている」

みんなで高め合っていける環境。それを見つけられた僕は、ますます夢の実現に近づいたと感じていた。

あとがき（著者より）

最後まで読んでいただき、ありがとうございました。

著者である私たち3人は20代のころに不動産投資を始めました。その際に実際にアパートを買う、ということがどういうことか、いまいちイメージできず、苦労した経験がありました。

そこで、**「これから不動産投資を始めたい、アパートを買ってみたい」**という方向けに、その実情を知ってもらうべく、本著を書き上げたのです。よりわかりやすくイメージしてもらうために、小説として物語形式に仕上げました。

このお話はもちろんフィクションですが、実体験に基づいた物語です。**不動産の探し方や金融機関の様子など、なるべくリアルに書いています**。そのため、明るく楽しい話だけでなく、実際に自分たちが経験して大変だった事例も織り交ぜました（その分、辻林くんには苦労をかけてしまいましたが…笑）。

実は、本著の主人公の辻林くんは「まだ不動産を持っていなかったころ」の自分たちをモデルにしています。「辻林 希」という名前も、著者の名前から命名しました（林奏人34歳、辻龍一33歳、富治林希宇32歳）。

私たち3人は、1棟も物件を持っていない時から、よくカフェに集まって不動産談議をしていました。

お酒ではありませんが、3人合わせて「1000円」のコーヒー、これが私たちの原点です。

なので、実のところ、この物語は**著者である私たち3人が夢を叶えるまでのストーリー**なのです。

辻林くんのように初めて不動産を買った時から数年が経ち、今では**全員サラリーマンの給与を超える家賃収入を得ています**。大家業、趣味、事業など、やりたいことをやって日々を過ごしています。私たちも初めはこうなると思っていませんでしたが、実際に**不動産投資のおかげで、夢を叶えることができました。**

「不動産投資で夢を叶える」というのは決して夢物語ではありません。その第一歩となればという思いで本著を書きました。

ちなみに、著者である私たち3人は「TerraCoya大家の会」という20代・30代向けの不動産投資家のコミュニティを運営しています。辻林くんのように、若手投資家が交流したり、学んだりできる場を作りたいと考えて、この大家の会を作りました。

実際に不動産投資をしている人から話を聞いたり、学んだりするのが夢を叶えるまでの一番の近道です。TerraCoya大家の会でなくても構いません。ぜひコミュニティに参加したり、SNSなどを利用したりして、不動産投資家同士の交流会に積極的に参加してみてください。

本著に関することで、もしご不明点などありましたら、ぜひ次頁アドレスからご連絡ください。

本著が皆さんの投資活動の一助になれば、こんなにうれしいことはありません。皆さんのご活躍を心より願っています。

◆著者紹介

林 奏人（はやし・かなと）

昭和末期生まれ、神奈川県出身。TerraCoya 大家の会代表。サラリーマンとして勤務する傍ら、2017 年に不動産投資を開始。投資総額は２億５千万を超える。賃貸併用住宅、新築アパート、築古アパート、地方物件など、さまざまな種類の物件を７棟運営した経験を持つ。大家業の他にレンタルスペースを６部屋運営、事業多角化のために奮闘している。

Twitter
https://twitter.com/rosekana5

辻 龍一（つじ・りゅういち）

1988 年生まれ、大阪府出身。サラリーマンとして勤務を続ける中で将来への不安を覚え、2017 年に不動産投資を開始。不動産投資を始めて３年で、給料を超える家賃収入を得ることに成功。現在は自身の不動産規模拡大とともに、不動産に関わる新規サービスの立ち上げに携わる。DIY による格安リフォームや、事業計画等の資料作成による融資付けを得意とする。

Twitter
https://twitter.com/tatsuone

富治林 希宇（ふじばやし・ねがう）

1989 年生まれ、京都府出身。不動産、金融、IT 業界での経験を活かし、不動産投資を始め約２年で月のキャッシュフローは 100 万円を超える。住宅、ホテル、旅館、貸し会議室、パーティースペース、倉庫など、運用実績は多岐にわたる。2020 年 起業（不動産×DX）。

Twitter
https://twitter.com/1104nfuji

◆ TerraCoya 大家の会とは…

2019 年設立。2021 年 11 月現在、無料・有料あわせて会員は 500 名以上。主な会員は高校生から、新卒社会人、サラリーマン、専業主婦、専業大家など多種多様。他の大家の会とは異なり、20 代、30 代の同世代限定の大家の会として、月 1 回の勉強会や動画配信、SNS での情報発信、DIY 体験や物件見学ツアー、会員同士の情報交換会の企画・運営を行う。同世代限定としたことで、年収や資産状況等の背景が似た方が多く集まり、そういった状況の中で如何に上手く不動産投資を進めるかを説いた勉強会は毎回好評を博し、アンケート結果による満足度は 90%を超える。また、会員同士のグループチャットでの知識・ノウハウ等の情報交換、物件情報の共有、仲介業者や司法書士等の人材紹介等を通じ、会員の規模拡大や大家デビューに貢献している。
https://terracoyaooya.com/

Instagram
https://www.instagram.com/terracoyaooya/?hl=ja

Twitter
https://mobile.twitter.com/terracoyaooya

LINE
https://lin.ee/n4xsKTU

僕の不動産投資は、1,000円のお酒から始まった

2021年12月22日　初版発行

著　者　林　奏人
辻　龍一
富治林　希宇
発行人　今井　修
印　刷　日経印刷株式会社
発行所　プラチナ出版株式会社
〒104-0031　東京都中央区京橋3丁目9-8
京橋白伝ビル3F
TEL 03-3561-0200　FAX 03-3562-8821
http://www.platinum-pub.co.jp

ISBN978-4-909357-75-5